Vera Hewener

AF205153

Werkausgabe Band I
Frühe Gedichte 1970-1999

Windblumen
Novembrisches Bittersüß
So leicht stirbt der Regen

Edition Calamus

Über das Buch

Diese Werkausgabe enthält die frühen Gedichte aus den Jahren 1970 - 1999 von Vera Hewener, um sie der Öffentlichkeit wieder zugänglich zu machen. Die ersten Gedichtbände erschienen in gebundenem Paperback und Heftausgaben im Eigenverlag. Die Werkausgabe enthält bisher unveröffentlichte Gedichte und die Bände „Windblumen", „Novembrisches Bittersüß" und „So leicht stirbt der Regen." Die Heftausgabe „Versteck der Bänke" ist nicht enthalten. Diese Gedichte wurden ins Buch „Lichtflut" aufgenommen.

Über de Autorin

Vera Hewener, geboren 1955 in Saarwellingen, Dipl. Sozialarbeiterin, veröffentlicht Lyrik und Prosa u. a. in Deutschland, Frankreich und der Schweiz. Für ihr literarisches Werk erhielt sie mehrere Preise und Auszeichnungen, u.a. den Superpremio „Cultura Lombarda" vom Centro Europeo di Cultura Rom (I) 2001 und Superpremio „Mondo Culturale" 2002, den „Grand Prix Européen de Poésie" vom Centre Européen pour la Promotion des Arts et des Lettres Thionville (F) 2005, Goethepreis 2013, zuletzt Wilhelm Busch 2017.

Pressesplitter

„Sie liest verdammt gut, artikuliert ausgezeichnet....... und man muss dabei ein bisschen an Tucholsky denken." Saarbrücker Zeitung, 08.05.97

„Das Titelgedicht „Novembrisches Bittersüß" bringt den Zwiespalt zwischen Vergänglichkeit und Hoffnung zum Ausdruck. Diese Ambivalenz thematisiert Vera Hewener oft in ihren Gedichten, gerade auch in den sozialkritischen Texten, wenn es um „Mutterrechte" oder „Mauern aus Glas" (elfteiliger „Psychiatrie-Zyklus") geht. Wochenspiegel Völklingen, 9.5.97:

„Gedichte, die mit geballter Bildsprache arbeiten, die nicht schnell und leicht konsumierbar sind. Voll Begeisterung werden sie aufgenommen." Saarbrücker Zeitung Ostern 1998

Vera Hewener

Werkausgabe Band I
Frühe Gedichte 1970-1999

Windblumen
Novembrisches Bittersüß
So leicht stirbt der Regen

Edition Calamus

Die Deutsche Bibliothek verzeichnet diese Publikation in der Deutschen Nationalbibliografie; detaillierte bibliografische Daten sind im Internet abrufbar unter www.http://dnb.dnb.de

© BoD - Books on Demand GmbH. Alle Rechte vorbehalten. Das Werk, einschließlich seiner Teile, ist urheberrechtlich geschützt. Jede Verwertung ist ohne Zustimmung des Verlages und des Autors unzulässig. Dies gilt insbesondere für die elektronische oder sonstige Vervielfältigung, Übersetzung, Verbreitung und öffentliche Zugänglichmachung.
© Für die Texte: Alle Rechte beim Verfasser. Vera Hewener

Titelgestaltung unter Verwendung eines Bildes der CCO Creative Commens www.pixabay.de

Herstellung und Verlag:
BoD - Books on Demand GmbH
In de Tarpen 42
D- 22848 Norderstedt

Printed in Germany
1. Auflage 2018
ISBN 9783746025292
9,90 €

Erste Gedichte

1970-1980

Mein Kind

Schrei nicht, mein Kind, schrei nicht.-
Es tut so weh wenn du schreist.
Ich bleibe bei dir, mein Kind, ich bleibe bei dir,
bis eine weiße Wolke dich umkreist.

Träum nicht, mein Kind, träum nicht!
Denn der Traum wir nie Wirklichkeit.-
Wach auf, mein Kind, wach auf!
Sonst verirrst du dich in der Sterblichkeit.

Mein Haus

Ich dachte,
mein Haus sei eine Wolke
und mein Haus wär mein Hein.
Doch plötzlich tobte heftiger Wind
und zerriss meine Wolke.-
Nun suche ich tausend kleine Wolken,
um mir ein neues Haus zu bauen.

Ich dachte,
mein Haus wär mein Hein.
Doch plötzlich tobte ein heftiger Wind
und zerriss mein Heim in tausend kleine Lügen.
Nun suche ich tausend kleine Wahrheiten,
um ein wahres Heim zu finden.

Ich dachte,
mein Haus sei eine Wolke
und mein Haus wär mein Heim.

Federtraum

Ich liege im Federtraum
und wandre über Federwolken.
Tausend weiße Federn,
einzeln fallen sie auf mich herab.

Ich schwebe in Federwolken.
Der Raum wird zu einer einzigen Federwolke.
Sie trägt mich weit hinaus
in den Himmel des Lebens.

Sie reicht mir eine Schale
voll von köstlichem Wasser
von der Quelle des Lebensstromes.

Sie lässt mich trinken,
und ich trinke,
und in meiner Trunkenheit
schüttle ich die Federwolke auseinander.

Es werden wieder viele Federwolken.
Einzelne Federn,
tausend weiße Federn
fallen auf mich herab.
Ich erwache aus dem Federtraum

Jahreszeiten

Im Frühling
Dem Wachsenden den Boden nähren
Dem Erwachenden den Samen legen
Dem Treibenden die Nahrung geben
Dem Hüpfenden die Freiheit jähren

Im Sommer
Dem Blühenden die Sonne schenken
Dem Reifenden die Schatten nehmen
Dem Grünenden das Wasser geben
Dem Fliegenden die Bahnen lenken

Im Herbst
Im Regen sich vor Nässe schützen
Im Nebel sich den Blick nicht trüben
Im Dunkeln sich nicht einsam fühlen
In der Dämmerung den Anbruch nützen

Im Winter
Vom Rauhreif die rote Nase sich wärmen
Vom Frost sich nicht erkälten lassen
In der Kälte nicht erstarrt verblassen
Mit Eisblumen dem Frühling entgegenschwärmen

Lebenszeiten

Einsamkeit
In der Sonne erfrieren
In der Blüte verdorren
In der Klarheit verworren
Gegen Gefühle verlieren

Abkehr
Das Licht sich verdunkeln
Den Blick abwenden
Gefühle verschwenden
Mit dem Sterben munkeln

Erwachen
Auf den Sonnenstrahlen das Gehen lernen
Auf den Wolken das Träumen finden
Sich fest an die Wirklichkeit binden
An der ausgestreckten Hand sich wärmen

Freiheit
Seine Gedanken denken
Seine Träume träumen
Seine Gefühle leben
Seine Liebe leben

Lieben

Liebe heißt
Standhalten wenn der Sturm kommt
Geradeaus gehen wenn der Weg abzweigt
Anhalten wenn einer stehenbleibt
Warten wenn es nicht weitergeht

Lieben heißt
Vertrauen wenn du voll Zweifel bist
Umarmen wenn du voll Zorn bist
Vergeben wenn du verletzt bist
Suchen wenn du dich verloren hast

Sich lieben heißt
Sehnsüchtiges Brennen nach gemeinsamen Stunden
Zärtliches Berühren der kosenden Hände
Verzehrendes Verlangen nach der Nähe des anderen
Unbändiges Begehren nach der gemeinsamen Vereinigung

Windblumen

1980-1985

Winterwald

Wald aus Eis, nebelweiß,
Winter ist gekommen.

Weihnachtszeit steht bereit,
ist schon ganz benommen.

Weihnachtstann strahlt uns an,
ist schon reich geschmückt.

Engelshand hat im Land
Christrose gepflückt.

Winterland

Winter, Winter,
weiß und kalt
kommst du nun gezogen.

Schnell bedeckst du
Feld und Wald,
Vöglein fortgeflogen.

Kinder bauen
nun mit Freud
Schneemann, dick mit Nase.

singen gern die
Lieder heut,
füttern Reh und Hase.

Advent

Wenn Eisblumen blühen an Fensterscheiben
und Kinder sich rosige Nasen reiben,
ist Winter, die weißkalte Zeit.

Wenn Schneeflocken Winterreigen knüpfen
und über Tannennadeln hüpfen,
ist Weihnachten nicht mehr weit.

Es duftet nach Plätzchen und Lebkuchenherzen,
nach Mandarinen, Nüssen und Kerzen,
ein eisiger Wind streift ums Haus.

Knecht Ruprecht füllt den Sack mit Geschenken
die Glöckchen klingeln, die Sterne lenken
an die Tür klopft Sankt Nikolaus

Winter

An den Scheiben kalter Fenster
blühen Blumen, weiß, aus Eis,
tanzen in der Nacht Gespenster,
bilden einen Zauberkreis.

Tanzen auf und tanzen nieder,
decken zu das kahle Haus,
bauen Schneelawinen wieder
auf den Dächern ohne Paus'.

Und am nächsten Morgen schimmert
die Natur im Glitzerkleid
sieh nur wie die Tanne flimmert,
wie sie flüstert weit und breit.

Weihnachtszeit

Wenn an kalten Wintertagen
leis der Nebel niederfällt,
hört man stumm die Herzen schlagen
in der Stille ruht die Welt.

Kerzen werden angezündet,
leuchten auf zu Jesu Christ,
dass er unsre Seelen findet,
er unser Erlöser ist.

Weihnacht rückt aus weiter Ferne
Nun ganz nah an uns heran
Und man singt die Lieder gerne,
die das Fest uns sagen an.

Hell erstrahlen bunte Lichter,
schmücken Markt und Straßen aus
Freudig lächeln die Gesichter,
denken an den Weihnachtsschmaus.

Christnacht

Die Kerze seh ich leuchten
inmitten dunkler Nacht,
wärmt Hände uns, die feuchten,
hat Lichtschein uns gebracht.

Sag an, was strahlen Kerzen
so hell und wunderbar,
dass freuen sich die Herzen
an ihrem Schein, fürwahr.

Es ist doch Christnacht heute,
die heilig, stille Nacht,
erwacht ist ew'ge Freude,
Erlösung ist gebracht.

So lasst und niederknien,
lasst beten uns zu Gott,
dass Christus uns erschienen
in uns'rer Erdennot.

Dezember

Weißes Geäst
wild tanzende Schneeflockenschar
verlassenes Nest
leis zitterndes Vogelpaar

Vereiste Pfütze
erfrorener Blätterwald
verlorene Mütze
dich sucht ein Junge bald

Eisblanker Morgen
frostiger Windeshauch
bittendes Borgen
wärmender Ofenrauch

Oh Baum!

Hat dich frostiger Wind entlaubt
Und dir deine Schönheit geraubt?
Stehst du nun hier enthüllt, verzweigt,
sind deine Äste gebeugt, geneigt,

trauern um das verlorene Leben,
erschauern unter eisigem Regem.
Doch fällt der Schnee auf dich über Nacht,
bedeckt dein kahles Haupt voller Pracht,

dann glitzern die Schneekristalle im Licht,
kredenzen Eiszapfen dein Gesicht,
dann strahlst du und fühlst dich Winterland,
reichst der Natur die versöhnende Hand.

Herbst

Ein schwarzer Schwarm Schwalben
wild wehender Wind
die Zugvögel ziehn
nach Süden geschwind

Ein Baum bunter Blätter
vergangener Verlust
im wässrigen Wasser
brauner Erdenkrust'

Ein schweigender Schleier
am milchigen Morgen
in des Lebens Leier
gebunden geborgen

Wandel

Morsches Holz zerbarst.
Fauliger Geruch
von zerfallendem Leben
tränkt die Luft.

Das Laub verharscht.
Brauner Saft
von abgefallenen Blättern
krönt des Waldes Gruft.

November
Zeit des Wandels
Zeit des Sterbens

Feuchter Nebel gähnt.
Im Sumpf watet
unbarmherzig die Zeit,
zerstampft altes Leben.

Kahles Astwerk tränt.
Es tropft die Schwere
der Vergangenheit auf den Boden.
Keimendes Streben.

November
Zeit des Wandels
Zeit des Werdens

Gewitter

Ein Segen, dass Regen nach heißen Wegen
sich endlich auf uns ergoss.
Man fühlte, es kühlte. In einem wühlte
das Wetter, das sich anschloss.

Es klatschte und platschte. Ein Kindlein patschte
im schlammigen Wasserloch.
Und winde geschwinde durchwehten die Linde,
dass Laub überm Boden kroch.

Es zuckte. Es duckte das Kind sich und guckte,
lief schnell in das Haus hinein.
Es blitzte und spritzte. Das Kindlein spitzte
die Ohren. Der Donner brach ein.

Melancholie

Nur die dunklen Tage
suchen nach Licht.
Sie beschweren uns
mit grauen Träumen,
verbannen die Zuversicht.
Schwarze Tiefe du, verzage!
Sollst nicht säumen
unserer Gedanken Pflicht!

Im Zenit

Grelles Sonnenlicht wallt gleißend
über den schwitzenden, schwarzen Dächern.
Ausgestoßener Menschendunst hängt beißend
in den ausgestorbenen Straßenfächern.

Auf dem weißen Fenstersims stöhnt
in schwachschattiger Sille ein einsamer Spatz.
In die Schwere der Mittagshitz' dröhnt
das spitze Schreien einer suchenden Katz'.

Gärender Müll gähnt verdorbenen Geruch
in die stehende, stickige Luft von Tagen.
Ventilatoren sind müd von Versuch,
Wind in die dunklen Kammern zu jagen.

Das Lachen eines Kindes zerreißt
die verendende Stille von erstarrtem Leben.
Von glühender Sonne leblos verwaist
beseelt nun die Stadt der Wolken träges Schweben.

Völklingen

Im Schlotenwald der Eisenhütten
treiben Schwefelpilze Blüten.
Verschleiert blickt der Feuerball,
der Morgenröte erster Strahl.

Im Hüttennebel stöhnt voll Schwere
die alte Stadt. Die Anbruchleere
gähnt den Menschen unten zu,
ruft Arbeiter aus ihrer Ruh.

Vom Staub ergrautes Himmelsblau
drängt vor durch den Nebelverhau.
Die Helligkeit kämpft um den Tag,
verdrängen will sie den Beschlag.

Doch schmutzig braun bleibt es verhangen.
Man muss um jeden Tag hier bangen!
Die Luft lädt nicht zum Atmen ein,
rußig umhüllt sie dein Gebein.

Sie schmeckt nach Sand, nach Rauch und Teer,
sie schwärzt ein riesig' Häusermeer.
Völklingen, du alte Stadt. –
Wo's keine Luft zum Leben hat.

Arbeiterwelt

Es rauchen die Schlote der alten Fabriken
den schwefligen Ruß über Arbeiterhütten.
Es speien die Öfen die feurige Glut,
den weißgrauen Qualm, das verblasste Blut.

Ein ohrenbetäubendes Knattern und Rattern,
ein zischendes Pfeifen, ein schäpperndes Klappern.
Das heiße Gähnen von geschmolzenem Erz
haucht sengende Hitze, ein glühender Schmerz.

Das Rufen der Leute, das Heulen zur Pause,
die doppelten Stullen, die sprudelnde Brause.
Feierabend.- Das Kartendrücken,
das säubernde Duschen, ein letztes Bücken.

Die Schicht wechselt wieder. Die Menschentraube
drängt vor in die Hallen, beseelt Hüttenstaube.
Es rauchen die Schlote der alten Fabriken
den schwefligen Ruß über Arbeiterhütten.

Aphorismen

Blindlings
aus der Luft gegriffen
bleibt das Loch

Keine Insel
bleibt eine
wenn man Brücken baut

Blieb über dem Tag
auch die reinste Wolke
es blieb eine

Man sagt
Goldener Oktober
und vergisst
wen er das Leben kostet

Auf Wolken
schweben ist himmlisch
Doch wohin fällst du
wenn es geregnet hat

Verbluten
an einer Liebe
ist ein schlimmer Tod
Doch schlimmer tötet
Lieblosigkeit

Das Wandern der Tage
treibt die Zeit voran
Wenn deine Stiefel
Löcher tragen
beginnt das Zerreißen

Nicht jeder Himmel ist blau,
nicht überall scheint die Sonne
doch zum Atmen ist überall Luft

Wasser
kann in ruhigen Betten fließen
es kann prasseln und klopfe
es kann stürmen und klopfen
so auch das Leben:
es ist mal Bächlein
mal Fluss
mal Wildwasser

Schäumte das Meer
die Wellen nicht auf
blieb das Wasser stehen
und das Abgestandene

Wasser wäre Ewigkeit

Ein Kind kann sein
wie eine Frühlingsblume.
Aus dem zaghaften Erblühen
wird einest strahlende Reife.

Auf dem Berg der Verlassenheit
Strömt die Luft gleichmäßig.
So kannst du nicht mehr
ersticken.

Wenn dir bunte Fahnen wehen,
wähle die aus, die man
nicht mehr färben kann.

Rauch am Himmel
schwärzt die Wolken.
erst das Gewitter
macht die Sicht wieder klar.

Im Reichtum der Welt
verirren sich viele.
Die Vielfalt der Natur
verwirrt sie nur.
Schau!
Nur ein Mond

und eine Sonne
kreisen am Himmel.
Warum willst du mehr?

Nichts brauchst du.
Kein Reichtum.
Keine Macht.
Kein Ansehen.
Nur Liebe.

Der Reiche braucht sein Geld.
Der Geltungsbedürftige die Macht.
Der Emporkömmling das Ansehen.
Für die Liebe allein
brauchst du
nichts.

Die Liebe ist wie eine Blume.
Abgebrochen verwelkt sie.

Wär auch der Tod
dein Freund
sterben müsstest du

Nichts bleibt unverändert.
Nur das ewige Wechselspiel

Geburt und Tod.
Doch wenn mitten im Leben
Dich einer verlassen hat,
bleibt die Welt
für eine Weile steh'n.

Viele Menschen werden geboren
um doch nicht zu leben.
Um die Wiedergeburt zu erlangen
bedarf es eines langen Weges.
Mancher stirbt sein Leben lang.

Im Tal der Tränen
Kannst du keinen Trost finden.
Nur mit offenen Augen
siehst du darüber hinweg.

Du kannst sei,
wenn d sein willst.
Du kannst sterben,
wenn du nicht sein willst.
Nur stirbst du
dann nicht allein.

Vergessen
heißt nicht auswischen.
Aber ohne Vergessen
kannst du nicht mehr
beginnen.

Verändern willst du
der Worte Inhalt.
Doch die Welt
lässt sich nicht
mit Worten verändern.

Manchmal

steht sie still. Zeitlose Uhr.
Zurückgehende Gedanken und
Bebilderte Sekunden. Das Fragen
Warum und Wie und Wo.
Ohne Antwort das Umdrehen.
Und die Zuversicht,
dass es weitergeht.
Irgendwie.

Novembrisches Bittersüß

1985-1986

wach
urwach
urwachs
urwachst
urwachstu
urwachstum
 rwachstumu
  wachtumur
   wachstumurt
    wachstumurte
     wachstumurtei
      wachstumurteil
       wachstumurteilt
        wachstumurteilte
    wachs
            tum
               ur
                  teilte

haus

zuhaus
   hauszu
   hauszucht
zuchthaus
unzuchthaus
   hausunzucht
zuchthausunzucht
unzuchtzuchthaus
    hauszuchtunzucht
zuchthauszucht
zuhauszucht
zuhaus
  haus
     zu
  haus

Sehnsucht

Sehnsucht
SehnSucht
SehnSüchte
SuchtSehnen
Süchtiges Sehnen
Süchtige Sehnsucht
sehnt nach SehnSüchten
sucht nach Sehnen
sucht nach Sehnsucht
SuchtSehnen
SehnSüchte
Sehnsucht

Ich habe es satt

so satt zu sein
so satt vom Sättigen
so satt von sättigenden Gesättigten
so satt gesättigt zu sein
so satt so satt zu sein
weil ich danach
immer so hungrig bin

Morgens

Es knistert in den Sonnenstrahlen.
Ihr Gelb verfliegt im Grau
der Mauern. In den Qualen
des Erwachens malen

sie ein Bild der Einfalt
Mörtelzeichnung Steingebau,
wächst aus ihr die Taggestalt
zum Riesen, der laut hallt

in den Häusern, schreckt empor
die Menschengeister, tastet sich
zum Zündschloss vor,
heult der Pferdestärkenchor

in den wunden Straßenläufen,
wo der schwere Tritt noch lastet
und sich jeden Tag ersäufen
Menschen, mit den Wegwerfkäufen.

Mittags

Das Flüstern des Windes
schläft in den Haaren der Sonne.
Den Horizont tauchen
in maisgelbe müde Verschwommenheit

Speere. Geworfen
von heißer Hand ins Gesponne
der Weltenzeit, spaltend
der Reihenhäuser Benommenheit.

Jemand besteigt die Läufe
der schlummernden Mittagsuhr
und schlägt mit der Tür
ins Herz er verbrannten Sommerflur.

Es blühen die Blumen
unbedachter Vergessenheit,
mit zeitlich begrenzter,
menschlicher Vermessenheit.

Abends

Blätterfall am späten Abend
richtet Nester knisternd ein,
dass die Schwärze dieses Tages
durch die Nacht verdunkelt wein.

Heimlich flüstern helle Laute,
Stimmelflehn erweckt den Stamm.
Und er hält den Spätbesucher
in den Zweigenarmen warm.

Nachtlaterne Eulenaugen
Winken still die Richtung ein.
Und der Mondbug stellt die Weichen
für die Paarreisenden ein.

Wanderungen

In der Nacht flehen Stimmen
körperlos in andren Lauten
schweben in den Himmelshöhen
quadratischer Tapetenbauten

Auf der gierigen Bettkante
lauern wach die weißen Laken
saugen in der schwarzen Stille
sich fest an den Kleiderhaken

Aufgehängt zum Trocknen müde
ruhen sie sich dabei aus
Und es schleicht die Zeit vorüber
in das nächste Morgenhaus

Loreley

Drüben in den Sommerarmen
schwelgen Schmetterlinge sich,
brennt Gelbes ohne Erbarmen
Risse in die Erde.

In fröhlich wippender Bluse
krallen sich die Blicke fest,
versinkt die schwarzhaarige Meduse
Schiffe in ihr Meer.

In ihren Strähnen klagen Laute
von Sehnen und Verlangen.
Nur einmal wird sie dir zur Braute,
zieht alles in die Tiefe.

Wildwuchs

Der Wildwuchs seliger Gefühle
bewohnt die karge Landschaft Zeit.
Im Dornenstrauch zerrissne Kühle
hängt stückchenweise Schatten auf.

Ausgetrocknet von der Sonntag
verdorrt die Seele zu Gestrüpp
im Wüstensand. Der Oase Lebensbronn
träufelt den Saft wieder zurück.

Letztmalig

In den Wellen des Windes
schwimmen Quallen des Feuers
im Haar. Und der Augen geschwindes
Wimpernpaar klappert wie Mühlenflügel
das morsche Holz in die Luft,
liegt über alterndem Hügel
der Manneshaut letzter Duft.

Noch einmal gießt Öl sich ins Feuer,
schmiert die Scharniere geschmeidig.
Verschlingt jenes Blitzungeheuer
das Herz. Und das Lippenrot seidig
schimmert auf grüner Wiese,
lockt mit dem Duft der Viole.
Ach, wenn er es doch bloß ließe
liegen. Es reicht ihm zum Tod, nicht zum Wohle.

Glockenläuten

Droben im Turm
läuten die Glocken. Erschrocken
über den Sturm.
Und es locken die Brocken

blickender Neugier.
Sie kam verlogen geflogen,
Frommheit im Visier.
Leiber verbogen. Sie zogen

pilgernd zur Kirch.
Löschten Hände die Brände,
riefen Stimmen unwirsch
übers Gelände. Verbände

packten die gute Tat aus.
Hinter verschrobenem Loben,
schmatzend am Leichenschmaus.
Hoch in den Himmel gehoben.
Und die Engelein toben
Ihren Groll höllisch aus.

Verlust

Die Zeit wächst weiter. Die Tage fallen ab.
Vergangene Gedanken bedecken das Grab
mit dem Staub leisen Schweigens,
das den Blick trüb verhüllt
und des Erinnernden Leidens
mit Vergessenheit füllt.

Der Wind des Vergehens weht über die Wunden,
aus denen nur noch der stumpfe Schmerz schreit.
Oh Wind der Vergängnis, hast das Morgen geschunden
aus der Asche, dies brennenden Sterbens Geleit.

Die rosige Glut verklimmt mit dem Winter
Der frostigen Herzen, dem vereisenden Blick.
Kein Funke des knisternden Sehnens bleibt hinter
dem zerfrorenen Kuss des Besinnens zurück.

Oh tiefe Flut Blut. Deine Quelle ist versiegt.
Die Unfruchtbarkeit deinen Samen wiegt
in das Hoffen und Lauschen,
nach dem plätschernden Laut,
in das erdene Rauschen
der wildwüchsigen Braut.

Zersprungenes Gesicht

Sie sammeln wieder.
Die Scherben.
Die Abspaltungen.
Das Verbrannte.
Und sehen nur
weiße Menschen.
Farblos.
Und sehen nur
Gitterstäbe,
verschlossene Türen,
eingezäunte Parkanlagen.
In der Leblosigkeit sollen sie leben,
in der Gedankenlosigkeit denken.
Sie sind zersprungen.

Mauern aus Glas

1

Er gab mir die Hand
Und gab sie mir nicht
Er sah mich an
Uns sah mich nicht
Er sprach zu mir
Und war wortlos

Ich wollte ihn fühlen
Und fühlte nur Fleisch
Ich wollte ihn ansehen
Und sah ins Nichts
Ich wollte ihn berühren
An der gläsernen Mauer
hab ich mich geschnitten

2

Der König
schreitet vor sich her
Seine Krone blinkt unsichtbar
Sein Reich ist unerreichbar
Seine Gedanken nicht denkbar
Er hat sich eingezäunt
mit Stacheldraht
Kein Dornröschenschlaf
Keine Prinzessin
An seinen Dornen
verblutet
alles

7
Eine Blume
War es eine Herbstzeitlose
Zeitlos wie dieses Leben
Oder ein Mauerblümchen
Vor oder hinter der Wand
Oder wilder Wein
Er klettert über alle Mauern
Umrankt selbst Zäune
Ein Zaungast der Zeitlosigkeit
Leblose Menschen und weiße Gestalten
Grinsen Grimassieren Stupor
Warst du schon Zaunkönig

8
Seine Freude blitzte
in den verwundeten Augen
Sie kamen, um ihn abzuholen
Er hörte es am Knarren des Schlosses
Geliebte Menschen?
Erschrocken über diese Augen-Blicke
Die Hand griff über ihre Hände
Ein Guten Tag
Ein Wie geht es dir
Die stumme Autofahrt
Angstvolle Gesichter bei seinem Versuch
Mensch zu sein
Dabei war er im Nebel
Zuviel Haldol, Imap...
Als er zurückkam
sprengte er die Ketten
Vom Stupor in den Erregungszustand
Katharsis seiner Seele

10
Wildes Schlagen, Schreien, Toben
Wessen Arme und Beine
Wessen winselnder Körper
Kein Gummi zum Abprallen
Nur weiße Gestalten
Nur gefüllte Kanüle
Und Pole, Pole, überall
Shocking

11
Sind es deine Gedanken
die in mir denken
oder meine
Sind es meine
oder deine Gefühle
Kinderspiel:
Wie du mir, so ich dir

Abrüstung

Wir liegen im
Krieg mit dem Krieg
Früher
bekriegten wir uns
Heute
bekriegt uns der Krieg
Der Frieden
bekriegt den Krieg
Der befriedete Krieg
bekriegt den Frieden
Der bekriegte Frieden
bekriegt
den befriedeten Krieg

Kommausdirherausmensch

war Schneckenhauskriecher
mit Abschirmgehäuse
Bombe fiel zerknallt
die Festungsmauern
über ihm roter Feuerball
mit Weltallschleuder
Venus verbrannte
seine Randausläufer

AschenPuttel

Keine Wegweiser mehr
An der Kreuzung ausgetauscht
Die Richtung stimmt
nicht mehr
Ich fahre liebe zurück
in die Zeit
vor mir und falle
in einen Bombenkrater
ersaufe im BlutBad
der Gefallenen
Ich röchele, ersticke
in der Luft
Sauerstoff hat sich
zurückgezogen
zu wertvoll
für unseren Feuerball
zerspringt
durch Menschenhand
Ich setze mich
auf eine Erdscholle
und aschenputtle
aus dem Neuzeitalter

Dahinter

Ein Stück Land
meineigenundnichtdein
Ein Baum
meinwaldplatzidylle
Eine Wiese
meinblumenfeldduft
Eine Mauer
undradioaktivluft

Wachstum

Wachse, wachse
Zeitwachstum
Steinwachstum
Gewinnwachstum
Produktionswachstum
Wirtschaftswachstum und
Waldsterben
Landsterben
Fischsterben
Vogelsterben
Kindersterben und
Menschennaturerdetod

Wo bleibt der Frühling

Kahles Geäst an der
Autobahnstrecke Saarbrücken-Trier
vernarbte Landschaft
eines langen Winters
neunzehnhundertdreiundachtzig
Der Schnee hinterließ
keine Christrose, nur
bizarres Gewächs aus
Atomzeitalter
strahlt uns an
trägt noch die
Erinnerung aus
Goethe-Gedichten
auf den versauerten Ästen
knospen sich
ohne Erfolg
Blattlos bis fast Mai
humpeln Bienen
ihre Stacheln wetzend
für Nektarvernichter
Und mein Auto fährt immer noch

Oh blitzblanker Morgen

du glitzerst vom Nebel versilbert
Nebel vom Kraftwerk die Wärme
ist zu warm und erwärmt
die Saar Saarlouiser Nebel
die Schwaden ziehen über den
Wasserspiegel versperren
den Wolken die Sicht
der Rauch zischt wie gelöschte
Glut von gefallenem Feuer
das alles verbrannte
damalsheutemorgen

oh gespenstischer Morgen
verscheuche die Gedanken
deiner Vergängnis
unserer Vergängnis
lass uns noch einmal
überwintern
nach der neuen Eiszeit
kann uns das Kraftwerk
wieder wärmen

Oktobermorgen

Dunstiges Kalkweiß
frisst sich durch die Landschaft
jenseits der Autobahn
Völklingen-Saarlouis
Ehemals Röchling
sticht gespenstisch
ziegelrotes fenstergeborstenes
Mauerwerk meterlang breit
aus der schalen Verschleierung
Die Saar sucht sich
stinkend den Weg
erdrückt durch die
gelbgraue Flut
wallender Schwanden
minutenlang
wird aufgeschreckt
Kühlturm Kraftwerk Ensdorf
ragt übergroß zylindrisch
spuckend Wärmeweiß
über Lisdorfer Auen
Noch Oktobermorgen
Ich blinke fahre ab
im Rückspiegel
den letzten Gruß
giftigen Silbers

Wie banal der
Alltagskrieg tobt
gefährlich ist er allemal
wer zu wenig hört
hört schon zu viel
Kampf dem Streber
Kampf dem Mitwisser
Kampf dem Intriganten
Kampf dem Kämpfer
kämpft krempelt Ärmel
hoch Kopf tragend gerade-
aus und das Windeis
zerschneidet

Mein Kuss an die Zeit vorüber
im Maientakt schlägt jeder
Rosensammler mit Schmetterlingsflügel
bunt ach wie bunt die Iris
der Sonnenwende nahe dem Herbst
und das Saftige erhärtet braunhart
sammelt der Novemberwind Reste
einer verblühten Chiffonbluse unter
dem Kunstlicht entfaltet Gesicht
der Erinnerung im Loch der Netzhaut
geblendet aber vielleicht gespiegelt
unvoreingenommen die Jahre
Tropfen für Tropen

So kam das Flackern der Nacht
schlüpfriger Moment im Takt
der Tausendsassa und Eintagsfliegen
doch die blinden Augen sahen zu viel
und das Loch in der Netzhaut
suchte immer wieder nach Licht
so geblendet vor dem Sturz
schüttelt sich jeder Kribbelkranke
fieberhaft wieder und wieder

So kam das pochende Dämmern
schlug schädelspaltend und seelenreißend
in den Tag der zertrümmerte Häuser
entblößte die fahle Haut verliebt
und entgeistert die Hirnschale versank
in die Hoffnung der Nacht und vergrub sich
am helllichten himmeloffenen Tag

HABT ACHT IM STURM
der dein Herz zerzaust
und mit Trübsinn bläst
wie schnell hast du
einen Klappenfehler
und wirst digitalisiert
du brauchst keinen Fingerhut
für einen ganzen Körper
nur eine Handvoll Ausrufezeichen
das hätte die Blumen auch
gerettet und die Bäume und die Erde

Wir tänzelten fußauf fußab

über die Gerade eisenbahnartig
flog uns die Zeit nach und
der Mond der sich sonnte
trieben Herz über Herz
die Liebe aus und sperrten
alle Türen auf Zug um Zug

Wir haben uns erkältet
in der Sonne die nießt
da hilft kein Sonnen-
und kein Regenschirm wo
es nichts zu fassen gibt
verlernt die Hände zu greifen
den verlorenen Seufzer einer Generation

Sonniger Zwist zwischen

dem Heu und dem Schrecken
blüht ein gekünstelter Tag
auf den Lippen die Trauer
und das Danach soeben

klirrt Zerbrochenes
wenn es aus Nächten fällt
wie Vergessenes verdichtet
ungewollt die Zeit
die sich aus Kalendern quält

Wer zählt noch

Ein Morgen im Büro.
Stell den Tag schneller,
damit die Zeit vergeht.
Nutzlose, ungeschützte Zeit.
Am Abend greift jemand
danach und verschüttet
ein paar Minuten.
Wer sie aufsammelt,
lebt jetzt und morgen
wieder nicht. Warum
zählt man noch. Unbedeutende
Stunden. Übermorgen
fallen schon die letzten Blätter.
Wer nackt ist, sucht
sich ein Kleid.

Nachsehen

Am Tag fällt der Alkoholiker
in wache Minuten und
will wieder schlafen. Die
grauhaarige Alte trottet
müde über den Markt. Und die
Liebende macht Feierabend.
Es rollt der volle Zug vorbei
und sein Geräusch verrät Ungeduld.
Jemand schreit den Preis aus.
Die Käufer zahlen nicht nur jetzt.
Kaffeeschlürfend träumt vielleicht
Einer, der den Morgen verpasst hat.
Er sieht der Zeit nach. Und keiner
weiß, wer das Nachsehen hat.

Welche Begrüßung am Morgen
das Scheppern der Mülleimer
hallt noch Papierschnipsel
kriechen am tränentriefenden
Boden huschen davon
die Minuten von gestern
und winken dir ein
Lebewohl nach

Wer früh aufsteht
hat das Dämmern in den
Augen und im Kopf
die Windbrise fegt
über die Bürgersteige
einige greifen nach ihren Hüten
um das Loch abzudecken
voll weggeschobener Gedanken

Vergiss den guten Willen
nicht das Wohlwollen
anderer bringt dir Glück
Händeschütteln und Zulächeln
freundlich sein und bleiben
einen Tag lang verbeugen
vor der Einfalt jener Welt

Anschlusslos

Ich wollte, ich wäre gestern
schon hier gewesen. Da hätt
ich den Anschluss nicht
verpasst. Da lief ich jetzt
brav hinterdrein oder
mittendrin oder voran.
Jetzt geh ich allein.
Und keiner schlägt mir
den Takt oder auf den Kopf.

Manchmal findet man
die richtige Tür nicht.
Oder zu spät. Doch Türen
wechseln die Rahmen
und manche Häuser halten
nicht. Man rast dem Duft
nach, der hungrig macht
und ist am Ende ausgehungert.

Die Ruhe des Reifens ist still.
Das Aushalten hält einen aus.
Wer da greift nach der
Urzeit, hält nur
die Zeit an. Umso
später schlägt die Stunde
dem, der nicht warten kann.
Und wer den Anschluss verpasst,
hat ohnehin viel Zeit.

So war es

Das Wort Mutter hat
Bedeutung. Im Frühjahr, wenn
die Saat keimt. Mutterboden.
Oh ja, sie keimt schneller.
Vielleicht. Die Blüte ist
noch unsichtbar und Reife
kommt erst nach dem Sommer.
Wo keine Mutter ist, keimt
es ohne Mutterboden. Blühen
wird es allemal. Und wo geweint
wird, ist es feuchter. Nähr-
boden, getränkt mit Erfahrung.
Lässt anders wachsen.

Die Kinder spielen. Der
Reif rollt und die Zeit wächst.
Danach dreht man sich kurz
um. Man winkt. Vielleicht
Zurückwinken. Denkt, dass
es so war, wie es war. Oder
auch nicht. Und geht weiter.
Ziellos im Auge das
endlose Ziel

Mutterrechte

Heute Morgen
klopfte die Verlassene
an die Sozialamtstür
Grußlos blickte
der Beamte vergaß
ihr einen Stuhl
anzubieten

Was sie denn wollte
So früh?
Ihr Mann
habe sie sitzenlassen
Wegen einer anderen?
Unterhalt?
Zahlt nicht
Kann nicht zahlen
Gerade Selbstbehalt

Kinder?
Ja, zwei
Sie haben aber
jung geheiratet
Können sie nicht
arbeiten?
Doch, den ganzen Tag
Kochen, putzen, waschen,
bügeln, flicken, nähen...

Ob sie denn nicht arbeiten
können?
Ich erziehe meine Kinder
Gibt es keinen Kindergarten?
Sie sind zu klein
Gibt es keine Krabbelstube?

Es sind m e i n e Kinder
Sie wollen nicht arbeiten?
Lieber Gott, es sind meine K i n d e r
Kinder haben doch ein Recht
auf ihre Mutter
Nach der Arbeitszeit
können sie immer noch erziehen

Also, wollen sie
nun arbeiten oder nicht?
Ich arbeite doch
Wenn sie gemeinnützige Arbeit
ablehnen, muss ich den
Sozialhilfesatz kürzen!
Sind Hausarbeit und Kindererziehung
purer Eigennutz
fragte sich die Frau

Fortbildung

Lange Stunden voll Reden
und Redenlassen voll Zuhören
und Weghören voll Einwendung
und Abwendung und Kaffeepausen

Im Raum schwirren
bedeutende und unbedeutende
Gedanken bloß Worte
abstrakter Fantasien
manchmal wird eine

aufgeschnappt und herumgeworfen
wir kauen sie kauen
zum hundertsten Mal und
der Bissen steckt im Hals
die Kantine ist schon leer

Eben noch überfüllt
bricht der Grundsatz aus
der Tasse die Scherben
springen am Boden der Geduld
hopp hopp Schluss jetzt

Was ist mit dem Abend
Spannung der Entspannung
zerrt den Dunst aus-ein-
ander Altbier Köllsch
Cola und Rauch rauchen

Der erste Blick ist wem
sitzt der Schalk im Nacken
und überspringt die Bei-
karten im Stock gewinnt
wer was bin ich müde

Letztes Spiel Versuch mit
Augenzählen und die Nacht
kommt in meine Wimpern
zahl ich den Rest und
das Blatt liegt offen

Novembrisch

Schwefelgelb
das Dämmerlicht
Bin ich zu früh
Scheinwerferblenden rasen
Fahlweiß liegt über
erhärtetem Laubbraun noch
halten es Äste bis der
letzte Tropfen des Fruchtgrüns
erstarrt die Luft schmeckt
nach novembrischem Bittersüß
Wenn kaltes Weiß
den Morgen in Unschuld taucht
wächst neues Leben nach
Und Kinder sühnen für ihre Eltern

Gärend feuchte Luft...

Gärend feuchte Luft
drängt ins Büro
und zwingt zum Atmen
Das Neonlicht bringt
heimelige Wärme bis zum
Anklopfen wer denkt
dass nur der November
trübt sitzt vor verschlossenen
Fenstern Schirmmenschen
hasten um's Haus und
draußen rattern ununterbrochen
Pressluftbohrer irgendwann
bleibt nichts als die
eingehämmerten Löcher

November
dein Nebel
tropft in die Zeit
Vergängnis
ist wie ein
schweigender Schleier
der das Erwachen bekämpft
und den Blick
mit Trübsinn anhäuft

Volkstanz

Ständig kämpfen Wimpern
mit dem Lidschluss
entweder sind sie geblendet
oder müde von all dem
Lärm der Pressluftbohrer
weißen Westen und Tennisspieler

Wahlkandidaten
haben es auch schwer
Wie sollten sie Stimmen
gewinnen ohne all das
Zähneblitzen und Zulächeln

Welche Abkürzung ist hier
am wirksamsten und tröstet
über die verlorenen Versprechungen hinweg
Manchmal kommt eine neue
hinzu bis zur Etablierung
dauert es ein bisschen aber
dann weiß man's auch

Und gesegnet werden nicht
nur Kreuze wer wollte
sich da noch verweigern

Hier und da

Das Licht macht die
Dunkelheit noch dämmriger
im schummrigen Zimmer
pfeift ein letzter Spatz
das Lied vom Fortgehen

Da dreht jemand die
Lampe an um besser
zu sehen die Wurst
schmeckt nach salzigem Schweiß
und Blut tropft aus
dem aufgeschnittenen Finger

Was erst die Kaffeebohne
erzählen könnte gäbe es
so was wie lebende Züge
sie rollen davon auf
ihrer Zeitschiene und hinter-
lassen noch Wolken aus
Hast und Eile und Wichtigkeit
Wer wollte da nicht glauben
dass die Zeit steht

Januar

Kälte. Im Schnee spiegelt
sich Sonne blaublütig.

Windfrost in den Haaren
und Schneeblumen im Gesicht.

Jemand friert den Eistod.
Das Warmhalten gelingt nicht mehr.

Kristallzapfen drehen uns
eine Nase.

Nun ist er doch gekommen.
Der Winter.

Zwischendrin

Deine Unentschlossenheit
zieht den November an
Was gibt es zu fragen
wenn die Haut schon
atmet und das Trommelfeuer
singt ein einziger
Kuss nur ach bringt Maisonne
und Regenbögen und kicherndes Gras.

Abschied

Dieses Bilderverbrennen
und immer wieder Anfang.

Ein verzerrtes Gesicht
im zersplitterten Spiegel.

Ein zerbrochenes Gefühl
und die Seelenscherben.

Im Kehraus der Beziehung
bleibt nichts verschont.

Warum diese Abschiede?
Genügt nicht die Trennung
von Tisch und Bett?

Meine Hände
griffen nach deinen
und deine Finger
lagen warm in meiner Hand
Ich pflanzte eine Weide
Unter ihrer Trauer
ruhe ich aus

Wednesdaynightblues

Morgen in den Augen
und Küsse auf dem Körper
tastet sich dein Geruch
durchs Zimmer mein Geliebter
hast mich schon verlassen

Deine Pantoffeln gehen noch
durch die Räume und
Gedanken von gestern
hängen an der Wand

Ich schütte das Vergangne
aus dem Fenster und
vertreibe die Süße einer
Nacht widerwillig flieht
sie in die Helle des Tages

Der Aschenbecher raucht weiter
deine Fingerabdrücke lösen
sich vom Bierglas und spielen Klavier
Wednesdaynightblues

Für Dich

Meine Seele
schwebt weit über den Wolken
Deine Wärme
hat sie angezogen
Du hast Feuer
angefacht und mir
das Schwert der Lilie
gebracht
Eingebettet
in weiße Blumen
träumen wir
dem Tag entgegen
Zu kurz war
diese helle Nacht

Erinnerung an Dich

Nach langer Nacht
fiel mir dein Bildnis
in die Hände
Ich fühlte nichts
als nur Erinnerung
Es schweigt die Seele
stumm, keinerlei Bitternis
Ich such den Traum
vergeblich in den Wänden
Die stille Süße
nicht gesproch'ner Worte
ist eingeschlafen
nach der letzten Stund'
Meine Gedanken
sind Kuss an deine Falten
sie streichen leicht
über dein volles Haar
Lass weiße Blumen
die Wolkenstadt beschmücken
Sie grüßen Dich
in jedem neuen Jahr

Lilien der Vergängnis

Liebe ist wie eine Blume.
Abgebrochen verwelkt sie.

1
Alles ist vergänglich
          in einer alten Weisheit
verändert sich alles. Und doch ist es
der wiederkehrende Mond, die aufmüpfige Sonne,
die sich durchzwängt, wenn die Nacht geendet.
Ich pflückte die Blume
              und ihre Reinheit
blutete aus.

2
Das erste Rosa
          aus Scham und Verzweiflung
färbte das Laken. Das Schneeweiß
des Winters wich.
              Wie wärmte deine Haut.
Am Nabel hielten wir uns fest. Der zarte Schleier
Dämmerung umfing die kleine Sekunde
                          Zeit.

3
Das Lächeln des Windes
                    vertrieb den Sturm. Und Ohne ein
Wort blies er weiter. Lautlos.
Wir folgten dem Hauch. Frühlingshaft.
Ein Tag und eine Nacht.
                    Eine Nacht
und kein Tag trübt.

4
Es war ein milder Morgen, tagoffen.
Aber der Wind verstummte,
                    unerwartet,
einfach abgeschaltet. Und das Rosa
                    brannte blutig.
Das Zauberhafte zauderte.

5
Das Gesicht mit den fremden Augen.
Worte, wilde Worte zerflossen
                    hinter den Umarmungen
Und trockene Küsse. Kalt.
Im Licht der Gedanken. War Sommer
und fanden ihn nicht.
                    Eisblumen
Schnitten ins Glas.

6

Aufgetaut froren wir, knüpften
                    neue Netze, verfingen
uns in den Maschen. Lachten, schrien
und der Mond.
              Verdunkelt.
Wo blieb der Morgen? Und das Land geteilt.
Lange, lange Zeit.

7

Und dann die letzte Nacht. Sternlose Finsternis!
Keine Luft, kein Land, keine Insel.
                      Uferlos.
Irgendwann glühte es. Zündhaft. Deine Hand.
Den Kuss der Vergängnis.
                Und keine Blumen.

So leicht stirbt der Regen

1986-1990

Der freie Fall

packt mich der Morgen
wird Knochenbruch alltäglich
dirigiert mich der Fall
tanz ich den Stolpertakt
einszweidrei dreizweieins
wechselt die Tonleiter
verlier ich die Stimm

benimm dich doch
wie einst Kniggerianer
zieh ab den Hut
tue gut genug
kracht auch das Rückgrat
schnürst dich halt ins Korsett

wie nett dacht ich
und riskier aufgeschreckt
den Drahtseilakt
im freien Fall

Treibjagd

Die deine Flucht nach innen verfolgen
bemächtigen sich deiner Worte.
Alle Indizien am Wegrand
markiert halt ein!
Die bloße Versuchung reicht aus,
Jäger aufzuspüren.
Sie begrenzen das Land,
das sie dir zugestanden.
Halt ein und hau deinen
Grenzzaun ins Land,
Schlag für Schlag
der Verfolgung entgegen.
Auch wenn sie dir Freiheit versprechen,
ihre Mordlust ist ungebrochen.

Fassadenrepublik

Malt sie nur an Wände,
macht bunt sie, farblich verstimmt.
Wer sie zum Anlass nimmt
hat längst eine Blende

gezimmert für Fenster und Türen.
Wenn der Mob sie erklimmt
hat niemand dafür gestimmt.
Feierabendallüren

trösten die Reihenhäuser wieder
über den Anschlag hinweg.
Schließlich fährt uns der Schreck

in alle verrenkten Glieder.
Hinter die Fassaden
wird niemand eingeladen.

Verdachtsmomente

wer hat die Ufer klammheimlich verkleinert
wer hat den Brücken die Pfeiler gestutzt
wer hat das Heulen von Wölfen gelernt

die im Jagdzug Beute wildern
verstecken sich hinter Wachposten
wenn sie zum Angriff blasen
veröd ihre Spur sie wittern
Morgenluft schon vor der Dämm'rung

wenn du ihre Hüte pflegst
vergiss das Kopftuch nicht
der Wuchs deiner Haare erregt Verdacht

Minuswachstum

brannten uns Letter Fall auf Fall
in Mark und Gebein
Rücktritt für Rücktritt
ein Minuswachstum

stolpern Einheitsritter lustlos
in der Talsohle herum
Konkurs für Konkurs
ein Minuswachstum

springen müssen wir dies Jahr
über den Berg von Golgotha
Wahlgang für Wahlgang
ein Minuswachstum

rechtens

eingerollt die fahnen
vergessen die farbe
des verrats gräber
ahnen den gebrauch
der freien rede

auch jene
die vorher
reden verboten

demokratie flüstert
durchs land

demokratie bescheinigt
auch jenen das recht
weiterhin rechtens zu sein

demokratie gestattet
dem sucher den weg
durch akten
die nicht vernichtet

demokratie verbietet nicht
wort und nicht wahrheit

erntezeit

so stürzt herab
auf blutgetränkte erde
vogel in splitter

mit asche
wurden die beete
gefüllt ihre ernte
heißt grundgesetz

zurren an wurzeln
geister der toten
das sühnen nicht
zu vergessen

noch jung ist das licht
das du trägt und
neben dir sterben schon
andere völker

Kassandra

und steig in die Gruft
maroder Verklärung
verseidet umstickt
businessgelookt
cool wool im Outfit
entwünscht und verdacht
morgens im Zerrspiegel

zwinkere ich dir zu
wenn du lachst
ob meiner kapitalen Verkleidung
und lache den Kassandraschrei

Kleintiere

Neulich sah ich den prächtigen Adler
mit seinen weiten Schwingen
den mächtigen Federn
und schlagendem Windstoß

Seine Krallen hinterließen Narben
auf Ästen und Zweigen
darbende Kleintiere ergriffen die Flucht

Bewegung im Unterholz
verwirrt traf er stolz den Stein

Den Schnabel verbogen ließ er ab
auf Kleintieren herumzuhacken

BürgerPflicht

wir tragen die Pflicht
im Gebälk zu stöbern, zu sägen im braunen Unterholz
die Äste abzuspalten, das Gewächs zu entfernen
bis zur freien Sicht.

wir legen Gewicht
auf subversives Schweigen, zu öffnen die Ohren
im lauten Getön bis zum TonFall
höre, Verfassungsgericht

wir tragen die Pflicht
unser Kreuz aufzurüsten mit demokratischem Kalkül
ehe es uns erschlägt, uns widerzeichnet
gelb im Gesicht

nur wir können wagen die Pflicht

heimat du

in deinen armen lass mich ausruhn
das heimliche flüstern deines kaminfeuers
wärmt wieder ich hänge meine kleider
an den haken bürgerlicher wegwerfnormen
nur schutzlose nacktheit ist mein gewand
denn du bist die nähe der erde
und mutter du der freundschaft

in deinen straßen knistern die
schweigenden laute unendlicher sehnsucht
sehnsucht nach frieden und vereinigung
denn du heimat bist überall
deine unausgesprochenen worte sind
weises streicheln ihr sanftmut
wird zertrampelt von den stiefeln der kreuzritter

dein aufgerissenes land trägt tiefe spalten
fahnen wehen über furchen und fußspuren
stacheldraht ist deine haut geruch der verwesung
zerschneidet dich faul oh heimat
land du der trennung und des todes
das heiße wachs trost schmerzt schwer die suche
nach dem winkel geborgenheit ist zweiwegig

wettbewerbsfähig

endlich aus
gesperrt tür
schluss & riegel
be sitzer setzen
regeln ver ordnung
prozent rang wie
arbeits lust los looser

ge werk ge schaf(f)t
heißa heißa wer
löffelt den brei
lohn stunden
sie aus

tafelt nur transparent
kreist ein euch
auf dem platz da
wer kommt da
tragts gelassen
prellt nicht
eure schultern auf
tragt ein die eins
zwei drei im
nullkommanix
lösen sie auf

Fax: Wegen Produktionsverlagerung in ein Niedriglohnland
werden die Verhandlungen abgebrochen.
Die Firma schließt zum Jahresende.
Letzte Meldung:
Stundenlohn der Frauen und Kinder 0,10 DM

Im Zweifel

das wachstum der gärten
scheint wirtschaftsgerecht
weise bescheiden zuwachsraten
im ahorn nisten schon fliegen
schwarz schmarotzend
den schatten der kronen

manche wettervorhersage
bescherte wolkenverhau
es hagelte auf die fruchtbaren böden
zerstört die jungen triebe

kursverluste der pfingstrosen
blüten der schattengewächse
treiben hochkonjunktur

Restholz

Blätterbestückt stellen sich
Baumkronen schräg
gegen Abgasluft

Besucher defilieren noch
dankbar durch Schatten
und Vogelgrüße
tragen Zeit in die Landschaft

Wagen fliegen weiter
durch Straßenschächte
und Waldkanäle
verbiegen in Kurven
Achsen und Blicke

Ein endlos Zufriedener
zerstückelt das Restholz
vergangener Orkane

Borkenkäfer
werden arbeitslos

Schlusslied

Gezackte gelbe Blätter
konzertieren ein Schlusslied
an Zweigen gefiltertes Licht

Kommt Gesellen
Zur Zukunft zusammen
stimmt ein in den Jubel
Schöpfung ein letztes
Jahrhundert

Menschen schon klonen
Rassen ohn' sterbliche Seelen
lasergelenkt mit starrem Blick

verglüht der Hitzkopf
er schrieb zuletzt
Nachrufzeilen

Seid fromm, Partisanen der Liebe!
Betet an die ökonomische Glücksmacht.
Seid unfruchtbar, ihr vermehret euch doch!

Verwandlung des Textes

wünscht mir mein Ungeduld
warten auf Nichts
als Verwandlung des Textes
die Zeilen blendet
zu funkeln ohn' Bedacht
mein eigen Stich ins Beherzte
vergess Bogen ich und Stand
und verweile im Ungemachten
sehe dies Weiß schuldlos zu halten
doch schreibt mir mein Pulsschlag
die Wörter zu Kopf und Verstand
dass blutet mein Leib und Gebein
nicht länger vermag ich schweigend
dem Leben zu harren kein Sterben
kann länger mich fesseln mir nehmen
die Schrift als meine Hand
die Sehnsucht färbte

Scheinblüte

Niemand gibt dir
den Morgen in die Hand
die Vögel der Luft singen
so schön alles wird leicht

das Haus mit den Gittern
das Schloss vor dem Mund
der Zaun um den Garten

häftlings gehen wir runde
Spaziergänge pfeifen zu den
Vogelmelodien im Kreis

manche klatschen Beifall
und tanzen dazu
das milchige Fensterglas
vergilbt mit der Zeit

jemand stellt Licht
auf die Gräber
im Schein blühen Blumen

Fraglos

der Spur
Zärtlichkeit
Freiheit
Gewölbte Zeit

nicht der Funktion
Rechnung der Lüge
Leben dir gewebt von

bloß nicht dem Los
kein sozialer Gewinn
im Frausein vor Mutterkreuz

der Schrei kleiner Wesen
meißelt gelieferte Pflicht

der Antwort entkommen
dem was wäre

Kopfgeld

Pflichtjahre
mit System
das umgehängte Schild

Haushaltsgeld
erhöht im...takt
mutterkorngenährt
wie Pilze der Wiese grünen

Herrschaftszeiten
mit Aussicht zur
schönen schwarzen
Verwitwung

die Reduktion
um Kopf und Kasse

Verständigung

„Mein Rippchen",
sagte das Knochengerüst,
„bau dich in meine Lenden ein,
ich wirbele dich im Leben herum,
dass dir schwindlig wird."
„Dank dir, du treusorgendes Skelett",
sagte das Rippchen, „ich brauche
deine Sorgen nicht. Ich fliege lieber
Kettenkarussell."

„Mein Rippchen",
sagte das Knochengerüst,
„ergänze meine Halswirbel,
sonst ist dein Stand gefährdet."
„Dank dir, du haltloses Skelett",
sagte das Rippchen,
„ich habe einen eigenen Stand."

„Mein Rippchen",
sagte das Knochengerüst,
„verbinde meine Brustwirbel,
damit du richtig atmen kannst."
„Dank dir, du luftleeres Skelett",
sagte das Rippchen,
„zum Atmen ist überall Luft."

„Mein Rippchen",
sagte das Knochengerüst,
„wenn du jetzt nicht gehorchst,
breche ich dir sämtliche Knochen!
Keine Rippe kann ohne
Knochengerüst leben!"
„Armes Knochengerüst",
sagte das Rippchen,
„ohne die fehlende Rippe
wirst du nie laufen können."

Der emanzipierte Frosch

„Nein", sagte der Frosch,
„ich will keine Prinzessin!"
Und klatschte den Kuss ins tote Meer.
„Nein", sagte die Prinzessin,
„in diesem Salz zersetzt sich meine Haut."
Und warf den Ball nach Bagdad.
Dort traf er den Storch, der erlöst,
sie in edle Gewänder hüllte.
Die Prinzessin aber erschrak:
„Und bist du Kalif, gebt mit meinen Kopf zurück!
Den Schleier trag ich nicht!"
Kam bös der Zauberer:
„Du Unheilige! Wer gibt dir das Recht,
nicht Kalifin zu sein?"
Sprach's und verwandelte Seide in Lumpen.

vater männisch

oh zipfel oh zapfel
lieb keinen grünen apfel
auch nicht den frucht'gen roten
der vater hat's verboten

oh zipfel oh zapfel
zertritt den reifen apfel
schmeiß ihn zu den toten
das hat niemand verboten

das Kind

wo bist du
kind der erlösung
in welchem krieg
wirst du heute geboren
spricht vater dir gewalt

wo bist du
kind der erlösung
in welchem land
wirst du heute geboren
spricht vater dir freiheit

wo bist du
kind der erlösung
in welcher familie
wirst du heute geboren
sagen eltern dir trennung

wo bist du
kind der erlösung
in welchem leib
wirst du heute geboren
spricht mutter dir verweigerung

wo bist du
kind der erlösung

Enzyklika erotikam

Wer trägt
das Kreuz zu Grabe
wer taucht den Schwamm
ins Fruchtwasser
wer zeichnet
den Himmel nach
die Gezeichneten
heerscharen sich

Mit Pauken und Trompeten
blasen die
Chöre des Lichts
alle Schatten aus
hörst du die Zimbeln
verkünden
den Nächsten zu lieben

Engelsgesicht
mit wehendem Haar
entflamme
über allen Himmeln
den Bogen

So legt
das Schwert nieder
nicht länger zu teilen
die Sehnsucht
enteilt den Gezeiten
der Unzucht

erbsünde

täglich
kniet die alte frau
mit schütterem haar
auf der schwarzen bank

sie beichtet
immer noch
einen mann
geliebt zu haben

dafür habe sie alles geopfert

sei die schuld
der sündigen schwangerschaft
nicht endlich gebüßt

frau christin

so sagt es
aller voraussicht nach
werden paradiese
männlichen geschlechts

preist den erfinder der botschaft
alles nebensächliche bleibt weiblich
alles göttliche herrlich

noch gibt sie ihr leben für kinder
noch liebt sie

dogmatisch

ich habe das kreuz gehalten
die weißen fahnen
nicht befleckt

ich habe mein kreuz gehalten
mein brechendes rückgrat
abgestützt mit den worten
der väter

fiel ich zusammen
mit meinen schwestern
und diente bald zweitausend jahre
den fron

sag schöpfer
hast du das den vätern erlaubt

Zwecklos

es könnte sein
dass kinder eltern lieben
weil sie nicht misshandelt werde
es könnte sein
dass frauen männer lieben
weil sie nicht geschlagen werden
es könnte sein
dass männer frauen lieben
weil sie keine rechnung schreiben
es könnte sein
dass menschen menschen lieben
weil sie keine bomben bauen
es könnte sein
dass liebe zwecklos ist

Unstimmig

auf meinen Fingern
brennen noch Rosen
in meinen Augen
bricht sich dein Licht
in meinen Adern
stolpert der Puls
ob deines taktlosen Gesangs
verschlug es mir
stimmlich und wörtlich
den Reim, den einst
dein Flüstern mir bracht

Widerhall

Sprich an meinen Hals
Kussschrift gehaucht
die Ohrmuschel voll
Rauschen Sänfte

Ein Duft wilder Jasmin
verschleiert umnebelt
den Klang deiner Töne
labyrinthische Sinne

In Widerhall getaucht
komme Körpertanz
Zeitschlüssel
für kosmische Sphären

Punkt für Punkt

Keinen Abend möchte ich
vergehen lassen,
ohne das unverhoffte Wiedersehen
mit hellen Punkten,
die bald hier, bald dort
auf Dächern tanzen,
die den Rhythmus schreiben
für alle, die hinhören,
die Punkt für Punkt
ergreifen und in der Ferne
den Himmel beschreiben,
der uns festhält,
bis alle Punkte
in Helligkeit gelöst.

Sternwanderung

Vielleicht
sage ich
vielleicht bringt
der letzte Mond die Nacht
die vor dem Tag
alles verstummen lässt
vielleicht
haben alle Sterne
den Horizont versammelt
der meiner ist
vielleicht
können Sterne
den Weg verlängern
ich gehe
soweit ich gehen kann
Stern für Stern
von jedem nehm ich
ein Kleinod mit
und verteile sie
auf Tage

Eines Nachts

Eines Nachts
als draußen
der Wind sich verfing
in den Nestern der Stadt
als im dunklen Azur
helle Punkte Stichworte vergaben
als die Katze sich kauerte
am Sims unterm Fenster
die Schritte hallten
und schließlich verschwanden

Gleichung mit zwei Unbekannten

Am Horizont sehe ich
Frühlingsknospen
irres Licht
das nicht blendet
atme Düfte von grünen Wiesen
Maiglöckchen und Wildrosen

Ein Strauß voll Zärtlichkeit
auf deiner Fensterbank
Gesang des Sonnenvogels
öffnet nicht die Flügel
um hinaus zu schweben
wir finden nicht
den Wein der Betrunkenen
das Rot der Baccara

Mit dem Einfall der Schatten
verblasst der Sommer
mit seinen hellen Winden
Dunkelheit, die zusammenführt
ungelöste Gleichung
mit zwei Unbekannten

Novemberstimmen

Ich sage, es wird bald schneien
Du siehst schon Schneeflocken auf den Bänken
Der Winter packt sie zusammen
in ein Kältemeer

Die Zeit zittert unentwegt
Meine Schritte laufen Zickzackkurs
Je mehr ich suche, desto weniger bleibt

Warum kann ich nicht warten
auf den nächsten Frühling
warum nicht glauben
an den Gleichklang deiner Augenfarbe

Gardinen habe ich aufgehängt
Holzscheite gehortet
Feuerschein erhellt die Dämmerung
die bald verendet

Ich höre Novemberstimmen
Zuletzt das verzweifelte Blühen
von Mauerblümchen

Falsche Rosen

Verspreche nicht die falsche Rose
Mit ihren Dornen sticht
sie ins Blut, das zerfällt,
alles erstickt.

Entträumt ziehen Wolken
über's Land, das vertrocknet,
von Rissen durchwebt,
dir allenfalls den Winterlässt.

Hart schmeckt die Erde.
Umgraben zu neuen Ähren
braucht's Pflüge und Licht.

Verspreche die falsche Rose nicht.

Dein Lächeln

Wenn nur dein Lächeln
mir bliebe
der Rückhalt
deiner bunten Augen
die Farbe deiner Haut

unerklärlich
die blinde Umarmung der Nacht

über dein Haar
weht schon der Wind

auferstehn

drapiere den morgen
in heiliges blau
stufe zu stufe
ein himmelreich

erklimme atemlos
erste sprossen
verletze mich
am gradlinigen schnitt
der fugen

leugne den schmerz
der die hoffnung nimmt
aufzuerstehn
nach dem täglichen fall

suche das licht
es hinauszutragen
aus der verstrickung
es hinüberzuretten
in den garten
wo der erntet
der nicht sät

verdingt

das schwarze niemandsland
entlässt die träume blind

es dingt zurück
den staubstoff
stein zu stein

die spur im gras
verwurzelt sich aufs neu
trägt keime auf
ans licht
nackt und scheu
zu sein

wegezoll

zeit greift ins rad
bricht speichen
wegezoll entrichten
für das diesseits

die zuflucht
im jenseits
hof im frieden

nichts im gepäck
nicht einen namen
lässt das räderwerk
zurück

steinkreuz

die schatten im steinkreuz
find ich den niedergang
des zeittakts
versuch und irrtum
die lichtbögen
ins gedunkel zu ziehn
neig mich der erde zu
spür ihren eschmack
hör ihren ruf
den kreis zu erneuern
das ewige licht

abgang

zu gehen
hinter sich zu lassen
sehnsucht vergebens

nirgendwo
registriert zu sein
kein anspruch
aufs existenzminimum
ohne stimmzettel
die neuwahl
und der abgang
unbemerkt

Asche auf den Stufen

Unveröffentlichtes Manuskript

1988-1994

gang art

den gang alle gehen
in fleißigen kleidern
geregelte schränke
in süssen vorgärten
die daumenschraube
beim entschrauben findest du
die mutter nicht

in der regel schränke bleiben
dieselben für fingerhüte
wenn's sticht genügt
die passende salbe
den gang alle gehen

... rasseln erlernt
mit stock und zeigefinger
kopfnicken ist das geringste
lehrstück der kindheit

ein neues land suchen
mutige schritte zählen
marschmäßig richten zum
ein treten aus   treten
bei treten ab   treten
zu   treten weg treten

neumond rauscht um silbersphären
umgarnt das opfer längst ausgemacht
der endpunkt eine frage
des widerstands gegen
die jagdgesellschaft

geradeausgehen ist gefährlich
heilig heilige sonntagsruhe

verbietet dem verurteilten
den schwamm zu reichen

abbruch im aufbruch
welch seltsames merkmal
kostet manchen rentenanspruch
kinder aus versicherungen
sind abgesichert verunsichert

den gang alle gehen
wer gehen kann
geht anders

ein möglich land

land an den fersen drückt
der Schuh versuche gehen wie laufen

nicht taugen farben leder größen
der mode entkommen väter

kein mehrwert im gleichschritt
gleichklang einklang untergang

verbrauchte schuhe
unmöglich zu laufen

ein möglich land
wollen könnte werden

oktober ge(t)räumt

zwischen den worten versprochen
wallen kunststücke geköpft

landschaft entrümpelt
der hahn auf dem dach
schießt gold über rotschwarz
abget)räumt

lüsterner singsang
im feld der sirenen
wolf & fuchs gelassen
gewühlt

komm (ab)fälliger klee
sei unser gast
sieh was du uns
bescheret hast

ge(t)räumte oktober
berechnen dem neuland
die wunden die narben
die kamen kommen bleiben

vorwärts

in den getaden des neonationalen
vertreiben sich intelektuelle die zeit
grass marschiert übers weite land
und simmels löffeln die suppe
das gedichgt des aufbruche verstummt
wer kennt bärbel bohley

bücher werden neu gedruckt
verwaltungsbeschlüsse
endende reformen

die da meinten
wir sind das volk
haben die parteiprogramme
nicht gelesen

vorwärts kommen
aus dem hinterhalt
august bebel
umsonst verhaftet

neuland

das neue land
hat viel vom alten
erweiterung ist gewünscht
wenn es unerwünschtes zerstört

hände jene schütteln die es damit
schon immer hatten
gesteckte grenzen

zu spät für die sehnsucht
nach neuland

BRÜDER ZUR SONNE ZUR FREI...

reihenhausbürger trinken
aus schwarzen tassen
verweigerer werden zentralisiert
kritiker wechseln den rotstift
papier ist jetzt umweltfreundlicih
wer bietet schon besseres
ein erlass wird aufgehoben
es gibt keinen verstoß
wer sich identifiziert
wird nicht identifiziert

null wachstum

kümmern zu boden abgestumpfte hölzer
wer hat ihn gesehen winterherbst
zeitliche tränen tropfen zu boden
in den see aus nullwachstum

wer produziert morgen sterne
raketen fliegen zu hitzigen planeten
tragen keine herzen
schlagen noch diesen winter
ohne by pass und schrittmacher

asche auf den stufen

seht die gaffer
wie sie geilen gieren
nach allen stufen
übersät das land
mit leiterfabriken
das weder stand
noch kronen kannte

mal dir ein bild
vergessener farben
ins sonnenlicht
träume verbrannten
in unkenrufen

verweht ist asche
auf allen stufen

wechselbriefe

sie haben geschrieben
brief mit umschlägen verklebt
den wechsel der züge
verschrieben vergangenes
kommendem fahrplan

die klassenfahrt gesteigert
mitten im pendel der geschichte
kennen nicht zugluft
verdünnungsgehalt kohlenstoff

preisen reise deutsch
genug vergiftung
in feldern und wiesen

absatz

stuhl auf stuhl gestapelt
in wachstumsraten aufgetragen
bebt der untergrund
zerbersten unter dem gewicht
der wunschträume grundmauern

steinfabriken besetzten weis(s)e herren
spatenstiche graben keine neubauten mehr
die verlagerung der gewichte
sorgt nicht für festen stand

abräumkommandos klagen
über zuwachsraten

schwungrad

gefährdet der auf
schwung rad getrieben
eintreiben den zehnten
teil jeder mark
ohne knochen verenden
hunde in hütten
inmitten palästen
bank & gebieter
empfehlen den zinssatz
dem zweidrittel staat
sbrei getöpft geleert
ungestört

hoffnungsersuchen

rücktrittsakrobaten
beendet den kreuzzug
des wortgerassels
lamentiert nicht über farben
um stimmzettel zu werben

im wehrlosen staat
der beschämten
im minuswachstum
der einigkeit

gebetssteuer

die solidarität will tanzen
uns leeren die steuern
den ranzen

sorgt nicht euch
der mittäterschaftsminister
dankt diäten fastet besser
verdients euch

singt wollen wir loben
die droben den taktstock
schwingen wenn das
wasser im .... + außen innen
finanz rechts und links

kein reiner wein
im glas der fünfte jahrgang
je älter je teurer
im haushalt
der uneinigen

vier millionen

ach trag mich
du liebes bisschen
trau nicht deinen augen
sie weiden den blick
an vergangenen wohltaten
wie ehe gestern getanzt geliebt
ach beiß mich du geier
mich giert es nach schmerzen
dass mir einer das blut
aussaugt du treusorgende riege
rechnender richter

ps: die arbeitslosenzahl
stieg im dezember 1994
erstmals seit kriegsende
auf über vier millionen

lied der verlorenen

oh meine süß sprudelnde quelle
welch köstlich mundender saft
hab ich dich hinausgepresst
aus samstagen mit geballter
konjunkturkraft

meines amtes in würden verkündet
den lohnnebenkostenniedrigsatz

ein hoch den gesellen
sie trimmen sich ein
wollen im vereinten
deutschland sieger sein

115

laut über laut

treibt bahnhof die straßen
umsätze an die zwischen
ginggong verlauten
tagsüber alle ohren
kaufhausgespannt

schwanke taubenblau
himmel mein lieber schrei
himmelsgestresst
ewig zahlen die münzen
die hände die arbeit
fündig die software

ach du laut über laut
summst leise den rest
der enteignung
die meine seele
geduldig noch trägt

wetterschau

was kommt nach dem anzug
die turnschuhgeneration
ist abgemagert im politischen
biorhythmus minimieren
sich sonnenblumen

im garten der wunderblumen
düngt kohl gemüse
vom dauerregen vergiftet
wirkt es genetisch verändert

im verwässern des grunds
fault der samen
wen nicht bald sonne zwingt
verödet

die wettervorhersage
ist kein prophet

mummenschanz

kein geheimnis in der papierrolle
schriften haben ausgedient
mönche versuchen sich
im internet nonnen
tragen bikinis

mein schrank ist voller hüte
kleider entkleiden sich
im übermut
handle ich mit der nähmaschine
stich für stich
verleine seide

im feuilleton des abendrots
glänzender ausschnitt

auch heute verträgt
meine stimme die zugluft
nicht

neubau gebiet

koniferenzäune zieren ländchen länder
grenzlust grassiert im mein und dein
kriechkiefern wuchern zwischen tulpengärten
schornsteine zerrauchen luft

hinter gardinen wachsen alltagswiesen
geputzte fenster spiegeln licht
aufgefrischt hängt wäsche an spinnen
gelassen prassen terrassen

ziegelfeuer entzündet sonnenfeuer
um kopf und hals lüften leichte kleider
kindergesänge im planschbecken klatschen
still steht ein schwatz im wind

nachtfalter fliegen zinseszinskurs
ratentage in küchen und bädern
steigende zahlen auf uhren gemessen
alle köpfe geschröpft

lichtwechsel

im nebelschlund
entsunkenes mondlicht
tautropfenwachsen
grashalmbewegt
lichtwechselblende
verlorene duftperlen
letztes sonnwendtanzen
vor dezembriger weißwelt

Völklingen 1992

Den Asphalt mir in die Augen
hole ich im gräulich schimmernden
Morgenrot, das zündelt
auf notgedrungenen Dächern.

Leer sind die Läden und Fenster
geräumt, die im Kaufkraftverlust
gestorben, jene Häuser, die längst
ihren Anstrich vermissen.

Gemäuer verrottet in der Stahl'schen Luft,
die atemschwer über kargen Spielplätzen
mit verschraubten Schaukeln hängt.
Sankt Eligius trägt tief an seiner besprühten
Fassade, wo kein Kreuz fehlt.

Vergessene Menschen aus schmucklosen Stuben
Durchdringen die lockenden Straßenfächer.
Jenseits von Leasing und Ratentagen
träumen sie noch von der weiten Welt.

Aschenspur

Wind sammelt Blätter ein
stürmische Wendezeit
in vielfarbigem Bunt
zerfällt was leuchtet

Feuer erreichte sie
ihre Aschenspur
ein falscher Regenbogen
spinnt über Wintergrün

in kahlem Gestrüpp
verfangen sich Federn
die aus dem Fell gerissen

sammeln wir sie ein
schreiben wir den Frühling neu
pflanzen wir die Keime tief genug

Schattengeister

wachsen schwarze Bäume
gnadenlos empor
im Blätterwald ausbreitet
seltsame Ahnungslosigkeit
dunkles Laub wirft keine Schatten

sprosst aus dem Samenkorn
vergangener Oktober Blutbuchen
zündet Licht ins Firmament
Wort für Wort
bindet sie an Sonnenbänke
vor dem Färben
ist lesen erlaubt

Namenlos

laufe unstet Straßen ab
höre ungeduldige Fragen
trinke Schattenquellen
lese Mondzeilen
stolpere über Bürgerteige
Fassaden irrlichtern
zur Silbersichel
ein Tanz mit hörigen Dämonen

stehle mich schnell hinaus
aus Wischmoppschlössern
fliehe in verlorene Winkel
suche gedachte Räume
mit tragenden Wänden

schreibe in den Ohren des Spürsinns
in den Augen der Sehnsucht
Kopfsprünge im Auf und Ab
ein leichtes Gepäck
auf schweren Geleisen
unerwartet jene Landschaften
namenlos jene Städte

wortlos

still sag nichts
hab nichts gehört
still hör nichts
hab nichts gesagt
still sag nichts
hab geschwiegen

still geschwiegen
hab nichts gedacht
still gedacht
hab still geschwiegen
still schweig still
hab still verdacht

still verdächtige
hab nichts vermutet
still mutmaßende
hat mutig nicht gedacht
still mutmaßliche
hab mutig geschwiegen
still mutmaßlich verdächtige
hab mutig verdacht bedacht
alles ungesagte buchstabengetreu
aufgeschrieben und nichtsdenkend
stillschweigenden wortlos
ins gefach gelegt

Unveröffentlichte Gedichte

1984-1990

Draußen

Draußen kehrt Schweigen ein
in den Straßen
Dunkel fällt über Dächer
und Terrassen
Winken macht keinen Lärm
unter Neonlampen
die sich Zeit stehlen
tun dies so leise wie möglich

Lampen bewohnen die Häuser

lärmende Kinder zuletzt
unterm Kirschbaum
Frauenhände mit Mütteraugen
Über Tischen und Betten
Nachtgeruch

Langes Stehen

am schweigenden Fenster
ein Blick hinaus
auf dunkle Dächer
über beleuchteten Stuben

Nachtwind mit Blütengeruch
süß das Wachstum der Gärten
offene Hände und Worte
mit Seelendurst
ein Laden wird heruntergelassen

Aufpreis

Immer noch Nebel
Augustsonne wird so beendet
Kälteschwere auf Lidern

Erst der Nachmittag wärmt
Körper und Bänke unter den Arkaden
Tauben gurren kein Liebeslied

Jemand sucht vergeblich
eine Aura Vergangenheit
Es ist alles teurer geworden

Heute und wieder vorbei

Die Wärme kommt
durchs Kerzenlicht
direkt in den Raum
Gedanken unterbrechen
das Flackern
für den Rest der Nacht
Flüstern

Geräusche aus Bädern
und Kaffeeautomaten
decken den Tisch
Gestriges schleicht
hinaus aus den Zimmern
aus dem Tag
beim Frühstück
Knistern

Die Zeitung
mit Zwiegesprächen
aus Zeilen und Blicken
hält fest die Stunde
Umarmung und Abschied
für das Heute
und wieder vorbei

Das Jawort

Kein Tag
wird dem anderen
das Jawort geben
wenn der Morgen nicht kommt
wenn die Flügel der Dunkelheit
sich nicht erheben
und der Lärm des Gewitters
nicht verraucht

Aber die seltsame Natur
fügt Stückchen um Stückchen
Zeit hinzu und streut sie
über Unverheiltes
Eine besondere Gabe
wird kostenlos verschenkt

Eine ausgestreckte Hand
und das Sehnen nach Leben
geht weiter

Stundenlicht

Licht drängt
Frieden durch Scheiben
wie Worte aus Staub
 Durst nach Versöhnung
erfasst die Stunde
die teilt und schließt

Ein paar tausend Grüße
beenden Täglich
den Rest des Verbrauchten

Eine Sehnsucht von Heimat

Du trägst
eine Sehnsucht von Heimat in dir
und gibst sie weiter

Wer sie fängt
verbindet die Enden
und bringt Leben in den Kreis
zweier Augenpaare

Über den Köpfen
trägt dich anderer Wind
der sich wandelt
und schließlich ruht

Tief mittendrin
birgt das Kosen der Körper
den Ursprung des Ganzen
und manchmal
Anfang

Bald

Ich warte
warte auf dich
obwohl du
bei mir bist
obwohl du
in mir bist

Gestern hat
deine Fußsohle
meine Bauchdecke
massiert

Stille im Haus

Es ist so
still im Haus
aus den Zimmern
strömt menschenleerer Geruch
wo nachts die Umarmung
unterbricht nur noch
das Knacken des Kühlschranks
das Schweigen

Es ist so
still im Haus
bring dich mit
wenn du kommst
und dein Lachen und Atmen
dein Träumen und Hoffen
Ich lass die Türen offen
damit wir gemeinsam streiten

Inhalt

Bibliographie

Im Eigenverlag:

Windblumen. Gedichte. 1985. Eigenverlag. Vergriffen.

Novembrisches Bittersüß. Gedichte. 1986. Eigenverlag. Vergriffen.

So leicht stirbt der Regen. Gegenwartslyrik. Edition Calamus. Sonderdruck 1999. Eigenverlag.

Versteck der Bänke. Lyrisches Reisebrevier. Edition Calamus. Sonderdruck 1999. Eigenverlag.

Bücherliste

Vermisstenanzeige. Gewidmet den ermordeten Juden des Naziregimes. Lyrik und Prosa. Libri BoD. Norderstedt 2000. ISBN 3-8311-0748-3. 2. erw. Auflage 2014. ISBN 978-3831107483.

Lichtflut. Reisenotizen. Lyrik und Prosa. Norderstedt 2001. ISBN 3-8311-1493-5. 2. erw. Auflage 2014. ISBN 987-3831114931.

Eine Neigung aus Blau. Gegenwartslyrik. Norderstedt 2002. ISBN 3.8311-3334-4. 2. Auflage 2014. ISBN 9783831133345

Bist Himmel mir und tausend Feuerfunken. Gedichte. Mauer Verlag. Rottenburg a/N. 2003. ISBN 3-937008-46-2.

Verwirbelungen der Zeit. Lyrik mit Bildern von Carolin Isele. WiKu Éditions Paris E.U.R.L. Paris und WiKu Verlag KG Berlin 2005. ISBN 3-86553-203-9.

Es kommen andere Ewigkeiten. Gedichte. WiKu Édition Paris ISBN 2-84976-0188 WiKu Verlag 2007. ISBN 978-3-86553-189-6.

Himmelsstürme. Gedichte mit Fotografien. edition Wort Verlag Bitburg 2010. ISBN 978-3-936554-00-3.

Das Jahr: Dichtung in vier Sätzen. Gedichte mit Fotografien. BoD Books on Demand Norderstedt 2013. ISBN 978-3-7322-3168-3.

Zaubervolle Winterwelt. Gedichte, Geschichten, Notizen. Verlag BoD Books on Demand. Norderstedt 2014. ISBN 9783735761262.

Frühlingsserenade. Die schönsten Gedichte, Geschichten und Notizen zur Frühlingszeit. Verlag BoD Books on Demand. Norderstedt 2015. ISBN 978-37347-3140-2.

Die Blüte des Sommers. Sommeranthologie. Die schönsten Gedichte, Geschichten und Kalendernotizen. Verlag BoD Books on Demand. Norderstedt 2015. ISBN 978-3-7347-89540.

In der Saar schwimmen keine Krokodile. Gegenwartslyrik & Texte. Verlag BoD Books on Demand. Norderstedt 2015. ISBN 9783738635676

Von Lorraine nach Aquitaine. Reisenotizen in Lyrik und Prosa. Verlag BoD Books on Demand. Norderstedt 2016. ISBN 9783741210860.

Du trocknest meine Tränen wieder. Religiöse Lyrik & Texte. Verlag BoD Books on Demand. Norderstedt 2016. ISBN 9783743113589.

Zaubervolle Jahreszeiten. Der Frühling. Verlag BoD Books on Demand. Norderstedt 2017. ISBN 9783743125117.

Aus meinem Federkiel. Magische Momente. Natur & Seele. Gedichte. Verlag BoD Books on Demand. Norderstedt 2017. ISBN 9783744870511.

Zaubervolle Jahreszeiten. Der Sommer. Verlag BoD Books on Demand. Norderstedt 2017. ISBN 9783744870993.

„Kerzen, Wunder, Himmels-Zunder". Vera Hewener. Lustige und besinnliche Geschichten und Gedichte zur Advents- und Weihnachtszeit. Verlag BOD Books on Demand. Norderstedt 2017. ISBN 9783744893824.

Die Jahreszeiten: Auslese. Frühling, Sommer, Herbst und Winter. Gedichte. Vera Hewener. Verlag BOD Books on Demand. Norderstedt 2018. ISBN 9783738636017

Beiträge in Anthologien

Am Kap der guten Hoffnung. Literatur und Provokation. Die Blaue Eule. Essen 1990. ISBN 3-89206-291-1. ‚Abrüstung', ‚AschenPuttel', ‚Kommausdirherausmensch', S. 147, 148.

Liebe ich dich?. Scriptum Verlag. Rothenburg (CH) 1993. ISBN 3-9520172-0-5. ‚Glasbauten', ‚Fassadenrepublik'.

Ich bin, also schreibe ich? Edition Sisyphos. Köln 1994. ISBN 3-928637-07-X. ‚wortlos', ‚Aschenspur', ‚Namenlos', ‚Schattengeister', S. 94-97.

Heimkehr. Inge + Theo Czernik Verlag. Hockenheim 1994. ISBN 3-930045-15-X. ‚Eines Nachts', S. 61.

Sei gesegnet, wenn du gehst. wort + mensch verlag. Köln 1994. ISBN 3-9802860-2-9. ‚Trauerweiden', ‚Zeitsprung', ‚Steinstraßenzeit', ‚Sternwanderung', S. 44-46.

Lyrik 90/94. Internationale Lyrik-Anthologie. Edition Leu. Zürich (CH) 1995. ISBN 3-85667-047-5. ‚Punkt für Punkt', S. 76.

Die Farbe der Natur. Kasskara Verlag. Norderstedt 1995. ISBN 3-929084-11-2. ,Winter', ,Aufbruch', S. 48, 49.

Soweit das Auge reicht. Ansichten, Einsichten, Aussichten. Gauke Verlag. Lütjenburg 1995. ISBN 3-87998-323-2. ,BürgerPflicht', S. 38.

Innentexte. Kasskara Verlag. Norderstedt 1995. ISBN 3-929084-16-3. ,Der freie Fall', ,Verwandlung des Textes', S. 103,104.

Selbst die Schatten tragen ihre Glut. Inge + Theo Czernik Verlag. Hockenheim 1995. ISBN 3-930045-25-7. ,Nachsehen', ,Im Zenit', S. 52, 53.

Der Himmel ist in dir. Inge + Theo Czernik Verlag. Hockenheim 1995. ISBN 3-930045-30-3. ,Verwandlung des Textes', S. 136.

Heimat. Mundart Modern II. Logos Verlag. Saarbrücken 1995. ISBN 3-928598-97-X. ,dahämm', ,hämat dau', S. 50, 51.

Annäherungen. Inge + Theo Czernik Verlag. Hockenheim 1995. ISBN 3-930045-36-2. ,heimat du', ,rechtens', ,erntezeit', S. 54-56.

LeseZeichen Anthologie 7 – Kinder(kram). Gauke Verlag. Lütjenburg 1996. ISBN 3-87998-324-0. ,das kind', S. 41.

LYRIK HEUTE. Inge + Theo Czernik Verlag. Hockenheim 1996. ISBN 3-930045-44-3. ,Pulsschlag', ,Wendezeit', ,Treibjagd', S. 52-54.

Schlagzeilen. Inge + Theo Czernik Verlag 1996. ISBN 3-930045-47-8. ,im zweifel', S. 144.

Schweigen ist sterben. Scriptum Verlag. Rothenburg (CH) 1996. ISBN 3-9520172-5-6. ,Fraglos', ,Kopflos', S. 30.

Dichter und Schriftsteller Deutschland 1996. Taurus-Verlag. Echterdingen 1996. ISBN 3-932135-00-8. ,Wendezeit', ,Treibjagd', S. 94.

Alle Dinge sind verkleidet. Inge + Theo Czernik Verlag. Hockenheim 1997. ISBN 3-930045-67-2. ‚Die Worte der Wälder', ‚Blätterschmelze', S. 82, 83.

Im Salzwind. Mohland Verlag. Goldebek 1998. ISBN 3-932184-20-3. ‚Die Flut', ‚Wattwandern in Sankt Peter Böhl', S. 41-43.

Umbruchzeit. Czernik Verlag. Hockenheim 1998. ISBN 3-930045-75-3. ‚Genesis', S. 53.

Winterserenade. Mohland Verlag. Goldebek 1998. ISBN 3-932184-29-7. ‚November', ‚Weihnacht', ‚Winterhoffnung', S. 21-24.

Lyrik und Prosa 1999. Mohland Verlag. Goldebek 1999. ISBN 3-932184-53-X. ‚La Jenny', ‚Berliner Promenade', ‚Citymeile', ‚Mittagsdissonanz', S. 115-121.

Lyrische Annalen. Hrsg. Dr. Herbert Gröger. Eppertshausen 2000. ISSN 0179-1753. ‚Oktober', 'Schwärmerei', S. 61.

Gestern ist nie vorbei. Czernik Verlag. Hockenheim 2001. ISBN 3-934960-03-0. 'Vermisstenanzeige', S. 227-228.

Lyrik Heute. Czernik Verlag. Hockenheim 2002. ‚Schattenherz', ‚Mit Glanz und Gloria'. S. 212, 213.

Dahemm. Rendezvous mit dem Saarland. Hrsg. Irene Siegwart-Bierbrauer. éditions trèves. Trier 2002. ISBN 3-88081-424-4. ‚KZ Neue Bremm', ‚Sichtfenster', ‚Berliner Promenade', Citymeile', S. 12, 87, 94, 95.

Ausgewählte Werke. Band IV. Hrsg. Nationalbibliothek des deutschsprachigen Gedichtes. Realis Verlag Gräfelding 2002. 'Eine Neigung aus Blau'.

Ausgewählte Werke. Band V. Hrsg. Nationalbibliothek des deutschsprachigen Gedichtes. Realis Verlag Gräfelding 2003.

„Der Stern von Bethlehem"
Tanz der Grenzen. Bilinguale Anthologie. Etaina Verlag Martina Merks-Krahforst. Tholey 2004. "Treibjagd".

Am Liebesrand. Bilinguale Anthologie. Etaina Verlag Martina Merks-Krahforst. 2005. "Straße der Kindheit", „Herz-dämm'rung"
Staubkorn und Steine. Bilinguale Anthologie. Etaina Verlag Martina Merks-Krahforst. Tholey 2005.ISBN 3-9809586-4-7. "Staubkorn", "Steinstraßenzeit"

Doch die Zeiten sind nicht so. Bilinguale Anthologie. Etaina Verlag Martina Merks-Krahforst. Tholey 2006. "Minimalkonsens", "Brief an die Wächter des Paradieses".

Lametta und Kerzenschein. Bilinguale Anthologie. Etaina Verlag Martina Merks-Krahforst. Tholey 2006. ISBN3-9811097-0-8. "Die Worte der Wälder", "Der Stern von Bethlehem".

Kinder verstehen Gedichte. Frühlings-und Sommergedichte. Birgit Brandenburg. Verlag an der Ruhr 2006. ISBN 3-8346-0265-5. "Grünland".

Kinder verstehen Gedichte. Herbst- und Wintergedichte. Birgit Brandenburg. Verlag an der Ruhr 2007. ISBN 3-8346-0264-7. "Wintermärchen", "Der Winter" Nachdichtung des Sonetts von Antonio Vivaldi, Vier Jahreszeiten .

Ausgewählte Werke. Band IX. Hrsg. Nationalbibliothek des deutschsprachigen Gedichtes. Realis Verlag Gräfelding 2007. „Gravuren der Zeit"

Milles-Feuilles de Vies. Editions d l'orchidée. Hrsg. Martin Gabriel. Thionville 2007. ISBN 978-2-917095-01-0. „Gravuren der Zeit", „Die Nacht (IV)", „Nachtfahrt", „Vogelflug".

KochArt. Hrsg. Stadt Püttlingen 2007. "Diner aux candélabres"

10 Jahre Hans-Bernhard-Schiff-Literaturpreis. Ein Leitfaden – Auf den Spuren des Hans-Bernhard-Schiff-Literaturpreises. Hrsg. v. Landeshauptstadt Saarbrücken, Dezernat für Bildung, Kultur und Wissenschaft 2007. Hardcover. ISBN 978-3-936950-70-0. „Blauäugig oder die Erlösung von der Angst", S. 198.

Zebra 4 Lesehefte. Hrsg. Schwanitz U. A.. Klett Verlag Leipzig ISBN 978-3-12-270750-7. "Blütenschaumzauber". 2008.

Ausgewählte Werke XI. Realis Verlags-GmbH. Gräfelding 2008. ISBN 978-3-930048-56-4. "Septemberlied"

Literatissimo Blattwerke. Hrsg. Stadt Püttlingen 2008. ISBN 978-3-00-022923-7. "Flamenco am Wölfelsbrunnen", "Rote Huldigung", "Septemberlied", "Lebensgarten"

Schreibend träumen wir uns wieder. Hrgs. Jokers in der Verlagsgruppe Weltbild GmbH Augsburg 2009. ISBN 978-3-8370-5274-9, "Reibung", S. 27

Ausgewählte Werke XII. Realis Verlags-GmbH Gräfelding 2009. ISBN 978-3-930048-59-5. "Reibung".

Saarbrücker Gottesdienste. Hrsg. Hermann Preßler. Edition Solitär im Geistkirch Verlag Saarbrücken 2009. ISBN 978-3-938889-86-2. "Im Schatten der Basilika", S. 80.

Ausgewählte Werke XIII. Realis Verlags-GmbH Gräfelding 2010. ISBN 978-3-930048-60-1."Schweineglück"

O-Ton Arbeitsbuch für den Musikunterricht in der Sekundarstufe I. Clausen, Bernd/ Schläbitz, Norbert (Hg.). Paderborn: Schöningh 2011. "Der Winter" Nachdichtung des Sonetts von Antonio Vivaldi, Vier Jahreszeiten

Ausgewählte Werke XIV. Realis Verlags-GmbH Gräfelding 2011. .ISBN 978-3-930048-62-5 "Vogeldemokratie"

Standard Deutsch: Leseheft Lyrik 9/10. Cornelsen Verlag GmbH Berlin 2012. ISBN 978-3-06-061849-1. "November"

CD Booklet "Die vier Jahreszeiten" mit Joshua Epstein und dem Kammerorchester Merck. Orlandus Verlag. Nachdichtung die Vivaldi-Sonette "Frühling", "Sommer", "Herbst", "Winter". München 2012.

Ausgewählte Werke XV. Realis Verlags-GmbH Gräfelding 2012. ISBN 978-3-930048-64-9. "Februargarten"

Ausgewählte Werke XX. Realis Verlags-GmbH Gräfelding 2017. ISBN 978-3-930048-XX-X. „Ich finde mich wieder, heute ist Sonntag"

Gedichte in Schulbüchern

Kinder verstehen Gedichte.2 Frühlings-und Sommergedichte. Birgit Brandenburg. Verlag an der Ruhr 2006. ISBN 3-8346-0265-5. "Grünland".

Kinder verstehen Gedichte. Herbst- und Wintergedichte. Birgit Brandenburg. Verlag an der Ruhr 2007. ISBN 3-8346-0264-7. "Wintermärchen", "Der Winter" Nachdichtung des Sonetts von Antonio Vivaldi, Vier Jahreszeiten .

Zebra 4 Lesehefte. Hrsg. Schwanitz U. A.. Klett Verlag Leipzig ISBN 978-3-12-270750-7. 2008. "Blütenschaumzauber".

O-Ton Arbeitsbuch für den Musikunterricht in der Sekundarstufe I. Clausen, Bernd/ Schläbitz, Norbert (Hg.). Paderborn: Schöningh 2011. "Der Winter" Nachdichtung des Sonetts von Antonio Vivaldi, Vier Jahreszeiten

Standard Deutsch: Leseheft Lyrik 9/10. Cornelsen Verlag GmbH Berlin 2012. ISBN 978-3-06-061849-1. "November"

Zeitschriften

'Mauern aus Glas' In: Saarheimat. Verlag Die Mitte. Ausgabe 10/1986. Saarbrücken aus 'Novembrisches Bittersüß'

'Abrüstung', 'Dahinter' In: Theaterzeitung. Hrsg. Saarländisches Staatstheater, Jahrgang 3 (1985/86) Nr. 7, Februar 1986. Saarbrücken. Aus 'Novembrisches Bittersüß'

'Minuswachstum' In: Der Literat. Fachzeitschrift für Literatur und Kunst. 36. Jahrgang. Ausgabe Dezember 1994. Bad Soden.

laut über laut' In: Perspektiven. Das kulturelle Lesemagazin. Arman Nothgi Verlag. Nr. 2/1994. Mainz.

'Dein Lächeln' In: Der Dreischneuß. Nr. 2. Blätter für Gedichte, Geschichten, Glossen. Marien-Blatt Verlag, Lübeck. 2. Quartal 1997.

'Frühling' In: Saarbrücker Zeitung vom 8.5.1997

'Reise nach Aquitanien im Juli 1998', 'Atlantischer Sommer, spielerisch leicht 21.7.98' In: Rabenflug Nr. 15/98. Kulturzeitschrift. ISSN 0941-1933, S. 5.

„Bürgerpark nachmittags" In: Saarbrücker Zeitung vom 12.4.02

"Osterhasen und Klapperstörche" (Kurzfassung) In: Saarbrücker Zeitung vom 17.4.03 Lokalausgabe Köllertal; 18.4.03 Lokalausgabe Saarlouis und Dillingen.

„Fruchtbares Feld" in: Aktuell. Hrsg. IGdA 1/2003.
"Finale Orientierung", "Sommerdrachen" In: Saarbrücker Zeitung vom 16.6.03

"Elisabeth und der Tod" , "Elisabeth et la mort" In: Mil' Feuilles Par Chemins. Revue Culturelle du Cepal. Nr. 23. September 2003

„Traumflucht" in: Aktuell. Hrsg. IGdA. 2/2003.

"Fruchtbares Feld", "Terre fertile" In: Mil' Feuilles Par Chemins. REvue Culturelles du Cepal. Nr. 26. Juni 2004. Kédange sur Canner. ISSN 1287-5880. S. 49.

"Die nackte Geburt" in: Aktuell. Hrsg. IGdA 3/2004, S. 6.

„Stiller Tag der Ernte" In: Saarbrücker Zeitung vom 29.6.04

"Tango der Wörter" , "Le Tango des mots" In: Mil' Feuilles Par Chemins. Revue Culturelle du Cepal. Nr. 27 September 2004. S. 110.

"A magány pillantásai " (Die Blicke der Einsamkeit), "Kék nyomul a szbámba" (Blau drängt sich in meinem Zimmer) In: Kis Lant Irodalmi Folyóirat. Budapest 2004/4. ISSN 0865-8633. S. 13.

"A magány pillantásai " (Die Blicke der Einsamkeit), "Varázsvesztés" (Entzauberung). In: Újjászületés, S. 3.. Ungarn. ISSN 1587-5830.

„Varázsvesztés" (Entzauberung), „Hiba a hajtómûben" (Fehler im Getriebe), „A mentõugrás" (Der rettende Sprung), In: Kis Lant Irodalmi Folyóirat. Budapest 2004/5. ISSN 0865-8633.

"Mondhymne" in: Aktuell. Hsrg. IGdA 4/2004.

"Tango der Wörter", "La Tango des mots" In: EUROP'AGE Nr. 2/2005. Hrsg. Altenwerk und Altenkultur e. V. - Europ'Age. Saarbrücken.

„Im Haus der Zeit". In: Mil' Feuilles Par Chemins. Revue Culturelle du Cepal. September 2005.

"Mondhymne" in: Aktuell. Hsrg. IGdA 1/2006. ISSN 0930-7079

"Le règne des rues pétrifiés" - "Steinstraßenzeit", "Grain de poussière" - "Staubkorn und Steine " in: EUROP'AGE Nr. 1/2006, S. 28. Hrsg. Altenwerk und Altenkultur e. V. - Europ'Age. Saarbrücken.

"Rosenblüte" in: OASe, Seniorenzeitschrift der Stadt Wiehl. 11. Jahrgang, Ausgabe 2/2006, S. 11.

"Im Haus der Zeit" in: Aktuell. Hrg. IGdA 2/2006. ISSN 0930-7079.

"Treibjagd" in: Seminarzeitung des Schülerzeitungsseminars "Keine Chance der Gewalt- Gegen Rassismus und Intoleranz – was wir selbst tun können!" im Europa-Haus Marienberg vom 29.5.-1.6.07. www.ehm200706.web-sz.de/zeitung.php?page=734

„Schrei der Freiheit", „Cri de liberté" – Mil`Feuilles par chemins. Revue culturelle du CEPAL. Nr. 38, Juni 2007

„Das Unbegreifliche", „L'inconcevable" - Mil`Feuilles par chemins. Revue culturelle du CEPAL. Nr. 39, September 2007

"Liebeskuss" in: Aktuell. Hrsg. IGdA 3/2007. ISSN 0930-7079.

"Süsses Geheimnis" in: Aktuell. Hrsg. IGdA 1/2008, S. 16

"Der Stern von Bethlehem" in: "Martinsblättle". Kirchengemeinde St. Martin Wiblingen, St. Anton Unterweiler. Ausgabe 168, Dezember 2009-Februar 2010. S. 12

"Allerliebstes Licht" in "Horizonte" Pfarrblatt Kanton Aargau, Schweiz. Ausgabe 25/2010 vom 13.06.2010, S. 18

"Altweibersommer" Gedichte der Woche. inputt aktuell. 13.10.10

"Auf der Rue Nationale" in "SarrEglise", Journal de la Communauté deparoisses Saints Pierre et Paul Sarreguemines (F), Ausgabe September 2011, Nr. 24, S. 7

Programmbuch Musiktage Mondsee 2011. Hrsg. Verein MUSIKTAGE MONDSEE, Postfach 3, 5310 Mondsee (A), S. 9 "Der Winter"

"Karneval" Heusweiler Wochenpost Ausgabe vom 15.2.2012

Frühlingshaiku "Regen tropft leise" Öffentlicher Anzeiger Püttlingen Ausgabe 8/2012

„Der Vogelkundler", „L'Ornithologue" – Mil`Feuilles par chemins. Revue culturelle du CEPAL. Nr. 63, September 2013, S. 111.

„Sommergarten", Heusweiler Wochenpost Ausgabe 28/15 vom 8.7.2015

„Rosenblüte", Riegelsberger Wochenpost Ausgabe 28/2015 vom 10.7.15

Literarische Flugblätter

'Fassadenrepublik' In: Der Zettel. Rassismus II. Redaktion & ViSdP: Hilmar Klute. Münchener Flugblatt für junge Literatur. Verlag Initiative Junger Autorinnen und Autoren. IJA. Nr. 86. April 1994. München.

'Befleckte Empfängnis' In: Der Zettel. Religion. Redaktion & ViSdP: Esther Hermann. Münchener Flugblatt für junge Literatur. Verlag Initiative Junger Autorinnen und Autoren. IJA. Nr. 87. Mai 1994. München

'Verwandlung des Textes' In: Der Zettel. Virtuell. Redaktion & ViSdP: Jana Ritter. Münchener Flugblatt für junge Literatur. Verlag Initiative Junger Autorinnen und Autoren. IJA. Nr. 91. September 1994. München.

'Verständigung', 'Enzyklika erotikam' In: Der Zettel. Dem Reich der Freiheit werb' ich Kolleginnen. Redaktion & ViSdP: Vera Hewener. Münchener Flugblatt für junge Literatur. Verlag Initiative Junger Autorinnen und Autoren. IJA. Nr. 97. März 1995. München.